AI 콘텐츠 트렌드

AI문고

인공지능 시대입니다. 기계가 인간의 인지를 대신하고, 사물이 인간을 통하지 않고 다른 사물과 직접 커뮤니케이션합니다. 이에 따른 인간 삶과 문명 변화를 정확히 이해·예측·대응하는 것은 이 시대 우리 모두의 과제입니다. AI문고는 인공지능 기술과 환경의 여러 주제를 10가지 키워드로 정리합니다. 관련 개념과 이론, 학계와 산업계의 쟁점, 우리 일상의 변화를 다룹니다. 인간과 기술의 현재, 미래를 세심히 분석합니다.

일러두기

- 인명, 작품명, 저서명, 개념어 등은 한글과 함께 괄호 안에 해당 국가의 원어를 병기했습니다.
- 외래어 표기는 현행 어문규정의 외래어표기법을 따랐습니다. 단, '딥러닝', '숏폼', '팔로워' 등 굳어진 표현은 관행에 따랐습니다.

처음이세요?

전문가세요?

지금, 큐알 찍으면

- AI 입문서 바로 선물
- 당신만의 필독서 추천
- 500권 요약본 공짜
- 오디오북 무료 사용

AI 콘텐츠 트렌드

김민지

대한민국, 서울, 커뮤니케이션북스, 2025

AI 콘텐츠 트렌드

지은이 김민지
펴낸이 박영률

초판 1쇄 펴낸날 2025년 4월 25일

커뮤니케이션북스(주)
출판 등록 2007년 8월 17일 제313-2007-000166호
02880 서울시 성북구 성북로 5-11
전화(02) 7474 001, 팩스(02) 736 5047
commbooks@commbooks.com
www.commbooks.com

ISBN 979-11-430-0065-1 03500

책값은 뒤표지에 표시되어 있습니다.

차례

AI 기술과 만난 콘텐츠 산업의 미래

다가올 거대한 물결

마이크로소프트(Microsoft, 이하 MS) 공동창업자인 빌 게이츠(Bill Gates)는 넷플릭스 다큐멘터리 시리즈 〈왓츠 넥스트: 빌 게이츠의 미래 탐구(What's Next? The Future with Bill Gates)〉에 출연했다. 그는 영화 〈터미네이터〉, 〈타이타닉〉, 〈아바타〉 등으로 유명한 제임스 캐머런(James Cameron) 감독과 함께 AI를 주제로 대화하며 세상을 바꿀 최첨단 혁신 기술의 가능성을 진단했다. MS라는 빅테크(Big Tech, 거대 기술 기업)를 설립한 빌 게이츠가 AI의 폭발적 잠재력에 지지를 보이는 건 자연스러운 행보로 다가왔다. 흥미로운 점은 할리우드 스타 감독이 AI 기술의 발전과 그 사회적 영향에 대해 깊은 관심을 보였다는 것이다. 그는 스태빌리티 AI(Stability AI) 이사회 멤버로 참여하기도 했다.

캐머런 감독은 영화 제작에서 항상 최첨단 기술을 적극적으로 활용해 왔다. 그는 "상상할 수 있는 한계를 뛰어넘는 신기술(emerging technologies that push the very boundaries of what's possible)"을 통해 놀라운 이야기를 전달하는 데 전념해 왔다고 말했다. 30년 전 컴퓨터 그래픽 이미지 분야의 선두에서 첨단 기술을 탐구해 온 감독은 "생성형 AI와 컴퓨터 그래픽 이미지 창작의 교차점이 다음 거대한 물결(the intersection of generative AI and CGI image creation is the next wave)"이라고 강조했다. 또한 "이 두 가지 완전히 다른 창작 엔진의 융합은 아티스트가 상상조차 할 수 없던 방식으로 이야기를 전달할 수 있는 새로운 길을 열어 줄 것(the convergence of these two totally different engines of creation will unlock new ways for artists to tell stories in ways we could have never imagined)"이라 보았다.

그는 지속적으로 AI의 위험성을 경고하며 기술 개발과 활용에 신중한 입장을 견지해 온 인물이다. 그럼에도 영화 산업에 미칠 AI의 잠재력을 외면하지 않고 인정한다. AI로 상상을 뛰어넘는 이야기를 전달할 수 있을 거라 바라본 사람은 비단 캐머런 감독뿐만이 아니다. 세상의 흐름에 민첩하게 반응하는 이들은 미래 콘텐츠 산업에 AI가 일으킬 새로운 물결을 바라보고 있다. 그리고 이미 그 파도는 시작됐다.

삶에 스며든 AI 콘텐츠의 기억

AI를 비롯한 과학기술이 콘텐츠 영역에 일으킬 변화의 파동을 감지했던 건 2015년 무렵부터였다. 음악, 미술, 문학 등 예술 영역에 AI를 활용한 사례들의 등장은 미학에 뿌리를 둔 필자의 시선을 사로잡았다. 당시 AI 예술에 관한 흥미로운 국내외 언론 보도가 쏟아져 나왔다.

BBC는 "지능형 기계: AI 아트, 전문가들에게 도전장을 던지다(Intelligent Machines: AI art is taking on the experts)"란 기사로 화두를 던졌다. 이때 1970년대부터 그림을 그린 컴퓨터 프로그램으로 AI 아론(AARON)을 소개했다. 그리고 세계적 수준의 색채 감각을 지닌 아론의 창작 파트너 헤럴드 코헨(Harold Cohen, 1928~2016)을 언급했다. 저명한 추상화가인 코헨은 1966년 베니스 비엔날레의 영국관 대표 작가이자 영국 테이트 모던 미술관에서 전시하기도 했다. 그는 1960년대 후반 프로그래밍에 관심을 가지게 되었고 그림을 그리는 컴퓨터 프로그램을 직접 개발했다. 아론의 프로그램은 AI란 용어를 최초로 사용한 과학자 존 매카시(John McCarthy)가 개발한 프로그래밍 언어 리스프(LISP)로 작성되었다.

2016년 세상을 떠나기까지 코헨은 40여 년간 AI와의 협업에 몰두하며 예술 창작에서 AI의 잠재력을 탐구하는 데 평생을 바쳤다. 그런 그가 생전에 BBC와 한 인터뷰를 살펴보며 AI가 창작의 영역에 더 큰 영향을 미칠 거라 직감했다.

2015년은 음악 작곡 AI 쿨리타(Kulitta)를 알게 된 해이기도 하다. 쿨리타는 음악 데이터를 기반으로 규칙을 분석하고 음계를 조합해 곡을 만드는 음악 작곡 AI다. 미국 예일대 컴퓨터과학과 강사인 도냐 퀵(Donya Quick)은 틈만 나면 피아노와 기타로 재즈 음악을 작곡할 만큼 음악과 친숙한 사람이다. 그녀가 컴퓨터 프로그램으로 음악 작곡 AI를 개발하게 된 배경에는 예술에 대한 경험과 소양이 자리하고 있었을 것이다. 퀵은 100명을 대상으로 두 차례 실험을 진행했다. 참가자들은 쿨리타가 만든 음악과 인간이 작곡한 음악을 듣고 평가했다. 이때 '완전히 인간이 만든 음악'과 '완전히 컴퓨터가 만든 음악'을 7단계 척도로 나누어 평가했는데, 사람들은 평균적으로 쿨리타가 만든 음악이 '인간이 만든 음악'에 더 가깝다고 판단했다. 퀵의 박사 지도 교수였던 폴 후다크(Paul Hudak)는 쿨리타가 만든 음악과 17세기 독일 음악가 요한 제바스티안 바흐(Johann S. Bach)의 작품을 놓고 청중에게 바흐의 곡을 선택해 보게 하는 실험을 했는데 음악에 조예가 깊은 사람들조차 AI가 만든 음악을 바흐의 곡으로 혼동했다. 예일대학교 음악과의 콘라드 카츠마레크(Konrad Kaczmarek) 교수는 쿨리타와 같은 새로운 기술이 작곡, 연주, 감상의 방식을 변화시킬 것이지만 음악 창작의 본질은 변하지 않을 것이라고 강조했다. “작곡은 무한한 가능성을 지닌 상태에서 시작되며, 이후 다양한 규칙과 의사 결정 전략을 적용해 이를 정제하는 과정”이라는 것이다.

놀라운 건 당시 퀵이 쿨리타와 같은 프로그램을 활용하면 음악적 지식이 부족한 사람도 비교적 높은 수준의 작곡을 할 수 있을 거라며 이를 “영화감독이 되는 것과 비슷하다”라고 표현한 것이다. 마치 미래를 예견한 것처럼 2024년부터 속속들이 출시된 다양한 비디오 생성형 AI는 수많은 AI 영화감독들을 탄생시키고 있다. 누구나 영상으로 표현하고 싶은 이야기가 있고 AI를 다룰 줄 안다면 단편영화를 만들 수 있는 세상이 펼쳐졌다. 2025년 필자는 영화관에서 생성형 AI를 활용해 10분 분량의 영화를 만든 감독들을 만났다. 이들은 기존 영화에 비해 현저하게 적은 제작비와 소규모 인원으로도 매력적인 영상을 선보여 깊은 인상을 남겼다. 독립 창작자들을 중심으로 이러한 추세는 더욱 확장될 것이다.

2016년이 되자 네덜란드 화가 렘브란트의 명화와 유사한 그림을 그린 AI가 등장했다. MS와 렘브란트 미술관, 네덜란드 과학자들은 '넥스트 렘브란트 프로젝트(The Next Rembrandt)'를 통해 346점의 작품 데이터를 딥러닝으로 학습해 렘브란트의 화풍을 재현했다. 2016년은 세계경제포럼(World Economic Forum, WEF: 다보스 포럼)에서 '4차 산업혁명'이 주요 의제로 채택된 이래로 대한민국에도 4차 산업혁명 열풍이 불었던 시기다. 필자는 그 무렵부터 다수의 초·중·고등학교를 돌며 어린이, 청소년을 비롯해 교사들을 만나 AI를 비롯한 '미래 기술과 예술, 창의성' 등을 주제로 순회강연을 했다. 쿨리타가 작곡한 바흐풍의 음악을 비롯해 소니 컴퓨터 사이언스 연구소(Sony Computer Science Laboratories)의 AI 프로그램 '플로 머신즈(Flow Machines)'로 작곡한 팝송을 교실에서 학생들과 함께 감상했다. 구글 딥 드림 제너레이터(Deep Dream Generator)가 생성한 그림을 보고 AI가 그린 것 같다고 반응했던 아이들이 실제 렘브란트 그림과 흡사한 AI 그림을 보고는 놀라워하며 감탄했다.

이렇게 수많은 학교를 돌며 혁신 기술과 미래 사회 변화, AI에 대체 불가능한 역량으로 예술성, 창의성, 공감

및 소통 능력 등의 중요성에 관해 전달했던 기억이 생생하다. 최근 대학에서 만나는 학생들의 대다수가 2000년대생인데 과거의 그날에 만난 학생들과 나이대가 비슷해 묘한 감정이 든다. 그때 상상했던 미래가 성큼 현실로 다가왔고, 이제 성인이 된 청소년들은 한껏 발전한 AI를 학습하며 새로운 미래를 준비하고 있기 때문이다.

필자는 기술 이전에 사람을 통해 새로운 영감을 얻곤 한다. 오랜 방송 현장 경험을 지닌 PD분들과의 인연은 AI 콘텐츠의 미래에 대해 더 깊이 생각하고 상상해 보게 해 주었다.

2016년 MBC에서 〈미래인간 AI〉라는 3부작 다큐멘터리를 방영했다. 프리젠터로 출연한 배우 김명민이 기계로 만든 인공 뇌를 표현하기 위해 특수 분장을 하고 현대인과 미래 인간이라는 1인 2역을 소화했다. 세계 AI 기술의 최신 동향과 미래 발전 가능성에 대해 심도 있게 다룬 이 방송은 MBC 이동희 PD가 연출했다. 이 PD는 이세돌과 알파고 대국을 취재했던 당시 역사적 현장에 공존했다는 감흥이 일어 한동안 자리를 뜨지 못했다고 한다. 그 경험을 계기로 제작한 방송은 AI 시대에 직면한 인류의 현재와 미래를 조명했다. 인간과 같은 지성을 지닌 AI 로봇인 '미래 인간' 김명민의 등장 배경이 2030년

인데 얼마 남지 않았다는 것이 놀랍다. AI가 PD가 될 수 있을지 묻는 기자의 인터뷰 질문에 이 PD는 "AI가 PD가 되어 내가 생각한 대로 만들어 줬으면 좋겠다"라고 답변했다. 그런데 그로부터 8년 뒤, 농담처럼 던졌던 그 발언은 현실이 되었다.

필자가 자문위원으로 참여한 MBC 〈PD가 사라졌다〉는 세계 최초로 AI PD가 연출한 프로그램이다. 도도한 표정을 지닌 여성 캐릭터의 디지털 휴먼 AI PD가 MBC에 입사해 캐스팅부터 출연료 산정, 영상 편집까지 진행한다. MBC 최민근 PD는 "욕망을 가진 인간이 AI의 통제와 지시에 어떠한 태도를 보이는지, AI와의 대립을 어떤 과정을 통해 극복해 나가는지 보여 주고자 했다"라며 제작 의도를 밝혔다. 이 프로그램은 예능을 넘어 사회 실험 성격을 가미한 AI 콘텐츠의 가능성을 보여 주었다.

그해 최 PD는 한 단계 진화한 엔터테크(EnterTech) 포맷으로 케이팝과 AI를 연결한 프로그램을 기획했다. MBC가 제작한 〈A-IDOL〉은 세계 최초 AI 기반 오디션 프로그램으로 필자는 다시금 자문위원으로 동참했다. 걸그룹을 닮은 디지털 휴먼 AI PD가 학습한 데이터를 바탕으로 현직 아이돌 36명의 노래, 춤, 스타일을 평가한다. AI가 작곡한 노래로 보컬, 댄서, 래퍼 포지션별 미션을 수행하고, 최적의 아이돌팀을 재조합하는 내용이다. 아이돌 멤버들이 AI PD와 개별로 만나 처음 스타를 꿈꾸게 된 순간 등 진솔한 이야기를 털어놓는 장면도 인상적이다. 세계관을 설정하고 판타지 장르를 접목한 연출도 차별화 지점이다. 제작에는 네이버, 이스트소프트, 수퍼톤, 사이드워크 엔터테인먼트 등 국내 주요 AI 기술업체들이 협력했다. 〈A-IDOL〉은 'AI · 디지털 기반 미디어 활성화 지원 사업'의 일환으로 과학기술정보통신부 장관상을 받고, 서울모빌리티쇼 조직위원회와 (사)한국생성AI파운데이션(KGAF)이 공동주최한 'K-AI 어워즈'에서 대상을 수상하며 AI 콘텐츠의 새로운 지평을 열었다. 이제 AI 기술은 보조 도구를 넘어 프로그램 기획, 진행, 평가 등 창의적 콘텐츠 제작의 핵심 도구로 활용되고 있다.

공존을 위한 논의

미래를 그려 나가기 전에 지나온 시간을 돌아보는 건 중요하다. 현재의 의미는 흘러온 역사의 발자취를 살펴볼 때 깊어진다. AI 역시 그러하다. AI의 시초를 가늠할 때 더 먼 과거로 거슬러 올라갈 수도 있지만 대개 1950년 앨런 튜링(Alan Turing)의 논문을 꼽는다. 천재 수학자이자 컴퓨터 과학의 아버지인 튜링은 당시 학술지 『마인드(Mind)』에 "계산 기계와 지능(Computing Machinery and Intelligence)"이라는 논문을 발표했다. 이 논문에서 튜링은 '기계가 지능을 가질 수 있는가'라는 질문을 탐구하며 이후 '튜링테스트(Turing Test)'로 불리는 개념을 제안했다. 튜링 테스트는 기계가 인간과 구별되지 않는 방식으로 대화할 수 있다면 그 기계가 지능을 가지고 있다고 간주한다. 즉, 컴퓨터 키보드로 대화를 나누었을 때 인간처럼 대화하는지를 기준으로 기계의 지능 여부를 판별한다. 그로부터 5년 뒤인 1955년, AI라는 용어를 처음 사용한 사람이 등장했다. 바로 미국의 컴퓨터과학자이자 인지과학자인 존 매카시가 그 주인공이다. 20대 후반의 다트머스대학교 수학과 조교수였던 그는 록펠러재단에 열 명의 연구자가 2개월 동안 참여하는 연구 모임 후원을 요청하고자 제안서를 작성했다. 그리고 이때 '인공지능(Artificial Intelligence, AI)'이란 용어를 처음 사용했다. 그는 기계가 지능을 모방할 수 있다는 가설을 세우며 인공지능을 "지능이 있는 기계를 만들기 위한 과학과 공학"이라 정의했다.

이듬해인 1956년 다트머스대학교에서 '지능을 가진 기계'를 주제로 'AI에 관한 다트머스 여름 연구 프로젝트

(Dartmouth Summer Research Project on Artificial Intelligence)'가 시작되었다. 매카시와 더불어 마빈 민스키(Marvin Minsky) 하버드대학 수학 및 신경과학 교수, 클로드 섀넌(Claude Shannon) 벨 연구소 수학자, 너새니얼 로체스터(Nathaniel Rochester) IBM 수석 엔지니어가 공동 주최했다. 이때 인공지능이라는 용어가 공식적으로 채택되어 사용되기 시작했다.

세상에 쉽게 이뤄지는 일은 많지 않다는 걸 AI 역사를 살펴보아도 알 수 있다. AI 발전 역사에서 AI 연구와 개발을 향한 관심과 투자가 급감한 시기를 'AI 겨울(AI Winter)'이라 한다. 1974년부터 1980년까지 이어진 첫 번째 AI 겨울은 AI 기술에 대한 과도한 기대와 투자에 비해 AI의 실제 성과가 미비해 연구 지원이 줄었던 시기다. 두 번째 AI 겨울은 1987년부터 1994년까지 이어졌다. 특정 영역별 문제 해결 방식으로서의 AI 설계인 전문가 시스템에 대한 과도한 기대와 투자가 있었지만, AI 기술로 실제 현실 문제를 해결하지 못했다. 섣부른 기대가 실력보다 앞서면 무르익고 숙성되는 데 필요한 시간과 인내의 중요성을 간과하게 된다. AI는 세상을 바꿀 것처럼 시작되었으나 실용화를 위해서는 해결해야 할 과제들이 산적해 있었다.

그로부터 무려 십수 년의 세월이 흐른 2022년 11월, 혜성처럼 챗GPT(ChatGPT)가 등장했다. 그러나 이는 개발사인 오픈AI라는 한 기업의 성과만이 아닌, 실패의 순간에도 포기하지 않고 끈기를 보여 준 연구자들의 노력을 토대로 일어난 역사다. 챗GPT 출시 이후 2023년에는 이미지 생성형 AI가 부상했고, 2024년은 비디오 생성형 AI 서비스가 등장했다. 2025년이 되자 보다 진일보한 AI 기술과 서비스가 쏟아져 나오며 콘텐츠 산업의 지각 변동을 예고하고 있다.

성큼 다가온 AI를 두고 누군가는 환호했고 누군가는 두려워했으며 누군가는 무심했다. AI에 대한 반감은 AI가 인간을 대체하고 일자리를 앗아 갈 수 있다는 불안감의 반영이기도 하다. 그리고 이는 전적으로 부인할 수 없는 현실이다.

그러나 AI와의 공존은 필연적으로 닥쳐올 미래다. 개인의 반응과 상관없이 AI라는 씨앗은 오래전 땅에 뿌려진 이래로 싹을 틔우고 잎이 자라나 꽃을 피우려 한다. 그 토양을 비옥하게 하는 생태계도 점차 조성되고 있다. 그렇다면 AI와 인간과의 관계를 '종말', '죽음', '대체', '침범' 등과 같은 극적인 단어로 단정하는 데에서 사고의 흐름을 멈추기보다 미래를 향한 다양한 논의를 이어 가는 편이 현명한 선택이지 않을까. 탄생에서 죽음으로 이르는 서사가 인생이듯 이제는 AI와의 관계를 사유하는 데에서도 단정으로 논의를 막기보다 유연한 프레임이 필요하다. AI의 물결이 막을 수 없는 변화라면 방어하고 부정하기보다 어떻게 하면 AI와 실제적인 공존을 이루며 더불어 살아갈 수 있을지, 문제가 있다면 어떻게 대응할 수 있을지, 협업의 성과를 내기 위해서는 어떠한 시스템을 구축해야 하는지 등 다방면에 걸친 지속적인 논의가 필요하다. 콘텐츠는 그러한 논의의 사회적 촉발에도 가담할 수 있다.

AI 콘텐츠 트렌드 파악을 위한 제언

AI 콘텐츠는 마치 과학기술, 산업, 경제, 경영, 국제정치, 법률, 교육, 문화예술 등 다양한 영역을 아우르는 커다란 캔버스(Canvas)에서 펼쳐지는 그림과 같다. 그리고 기업들의 AI 기술 및 서비스 특징을 살펴보면 AI 시장 선점 경쟁의 치열한 격전지에 AI 콘텐츠가 놓여 있다는 점을 발견할 수 있다.

특정 영역이나 기술에만 주목하기보다 더 큰 판을 볼 수 있는 열린 시선이 필요하다. 개별 창작자가 AI를 활용한 작품을 감상하고 비평하는 작업은 중요하나 그 하나의 사례로 AI 콘텐츠의 가능성과 미래를 단정하는 건 무리가 있다. 일부를 알고 있을 뿐인데 전체를 이해했다고 말할 수 없다. 끊임없이 배워 나가는 열린 태도와 유연한 사고와 더불어 나무와 숲을 함께 바라보는 지혜가 필요하다.

챗GPT, 제미나이, 클로드, 미드저니 등 각 기업에 귀속된 서비스로서의 AI는 나무와 같다. 하루가 다르게 업데이트되는 생성형 AI의 새로운 기능을 빠르게 습득해 콘텐츠를 만드는 데도 시간이 빠듯할 수 있다. 그러나 이 역시 나무에 해당한다. AI 기반 광고나 AI 미디어 아트 등 특정 콘텐츠도 숲을 구성하는 나무에 비유할 수 있다.

숲은 AI 산업 생태계이자 AI 기술이 뻗어 나가 관계하는 다양한 영역이다. 서로 다른 나무들이 모여 거대한 숲을 조성한다. 숲을 바라볼 수 있을 때 그 안에서 터를 잡고 자라나는 AI 콘텐츠의 미래 또한 가늠할 수 있다.

특히 AI 콘텐츠 트렌드를 파악하려면 기술과 산업이 어디로 향하는지 이해해야 한다. 기술과 밀접한 관련을 지닌 AI 콘텐츠는 실제 사용 가능한 서비스가 상용화되고 시장이 조성되는 흐름에서 활성화될 수 있다. 그래서 민첩한 창작자들은 기술 트렌드를 비롯해 사회의 변화가 어떠한지 파악하기 위해 민감한 촉수를 세운다.

기술에 관한 기본적인 이해를 갖추는 것도 필요하다. 모두가 과학자와 공학자 수준으로 AI 기술을 이해하는 건 무리지만 이 기술의 핵심 의미가 무엇이고 관련 기업은 어디이며 활용할 수 있는 서비스는 무엇인지 등에 관한 기본적인 이해를 갖춰야 한다. 다만 혁신 기술이 부상한다고 해서 반드시 콘텐츠 산업의 부흥이 잇따르는 건 아니다. 기술은 완벽하지 않기에 오류를 보완해 가는 시간이 필요하다. 게다가 뛰어난 기술이 등장했다고 해서 바로 사회에 정착해 대중화되는 것도 아니다. 기업은 선도적으로 기술을 도입해 혁신을 꾀하나 경제적 효과가 미비하다고 판단하는 경우 관련 사업을 접을 수도 있다. 국가의 정책과 지원이 미비하면 해당 산업이 지기도 한다. 이처럼 AI 콘텐츠는 가변적이고 복잡한 맥락 속에서 형성되고 있다.

구글 CEO 순다르 피차이는 2023년 구글 25주년을 기념하며 "시간이 지남에 따라 AI는 우리가 목격하는 가장 큰 기술적 변화가 될 것"이라며 AI가 일으킬 혁신에 대해 강조했다. 이러한 변화는 데스크톱 컴퓨팅에서 모바일로의 변화보다 더 크고, 인터넷 자체보다도 클 수 있다는 것이다. 피차이는 AI가 기술의 근본적인 재편성을 가져올 뿐 아니라 "인간 창의성의 경이로운 촉진제"라고 보았다.

창의성의 실현과 밀접한 콘텐츠 산업은 AI를 만나 방송, 엔터테인먼트, 현대 미술, 미디어 아트, 마케팅, 저널리즘 등 AI가 물줄기처럼 흘러갈 수 있는 다채로운 영역에서 새로운 변화를 만들고 있다. 그 혁신의 발자취를 따라가는 건 흥미롭고 가슴 뛰는 일이다. 이미 결말지어진 역사의 한 장면이 아니라 현재 진형형인 순간들이기 때문이다.

참고문헌

남혜정(2025.2.13). "피아노 치는 강아지"… 텍스트 한 줄로 전문가 수준 동영상 만든다. ≪동아일보≫. https://www.donga.com/news/Economy/article/all/20250212/131019757/2

넷플릭스(2024). 〈What's Next? The Future with Bill Gates〉. https://www.netflix.com/kr/title/81609333

이주희(2016.12.5). [ON+현장 | '미래인간AI'] 이동희 PD "알파고-이세돌 대결, 다큐 제작에 큰 도움". ≪전자신문≫. https://www.etnews.com/20161205000134

전혜원(2024.6.14). 최민근 PD "인간보다 더 인간적인 AI가 콘텐츠 제작할 것". ≪아시아투데이≫. https://www.asiatoday.co.kr/kn/view.php?key=20240613010007308

황소영(2024.3.12).세계 첫 AI PD 通했다‥'PD가 사라졌다' 해외 러브콜 봇물. JTBC news. https://news.jtbc.co.kr/article/NB12169380

iMBC(2016a). 〈미래인간 AI〉. https://program.imbc.com/AI
iMBC(2016b). 〈미래인간AI〉 이동희 PD, "고단한 PD직업 인공지능 됐으면…".
https://enews.imbc.com/News/RetrieveNewsInfo/194962
iMBC(2024). 〈PD가 사라졌다〉.
https://program.imbc.com/M-Phago
John Werner(2024.4.9). 3 Lessons Learned From The Second AI Winter. *Forbes*.
https://www.forbes.com/sites/johnwerner/2024/04/09/three-lessons-learned-from-the-second-ai-winter/
Stability AI(2024). James Cameron, Academy Award-Winning Filmmaker, Joins Stability AI Board of Directors.
https://stability.ai/news/james-cameron-joins-stability-ai-board-of-directors
Stanford University(2011.10.25). Stanford's John McCarthy, seminal figure of artificial intelligence, dies at 84.
https://news.stanford.edu/stories/2011/10/stanfords-john-mccarthy-seminal-figure-artificial-intelligence-dies-84
Yale News(2015.8.20). You'd never know it wasn't Bach (or even human).
https://news.yale.edu/2015/08/20/you-d-never-know-it-wasn-t-bach-or-even-human

01
생성형 AI의 확산과 추론 모델의 대두

세계적인 학술지 네이처(Nature)는 인간과 AI의 긍정적 협업 효과를 기대할 수 있는 분야로 창의 작업을 꼽았다. 그 중심에 놓인 생성형 AI는 글, 이미지, 영상, 음악 등 콘텐츠 창작 분야에 새로운 변화를 일으키고 있다. AI 콘텐츠는 영화와 숏폼 드라마 등 다양한 형태로 확산되고 범람할 것이다. 생성형 AI 도구의 장단점을 파악하고 활용할 수 있는 능력이 더욱 중요해지는 시점이다. 아울러 대두되고 있는 AI 추론 모델은 생성형 AI의 한계를 보완할 것으로 기대된다.

AI와 1인 창업?

인간과 AI의 창의적 협업

AI가 발전을 거듭할수록 사람들의 본능적 심리를 자극하는 지점이 있다. 과연 AI가 인간의 고유한 능력을 대체할 수 있을 것인가에 대한 질문도 그러하다. 예술가처럼 그림을 그리고 시를 지으며 음악을 만드는 AI의 등장은 이러한 호기심과 두려움이 뒤섞인 질문이 터져 나오게 한다. 그렇다면 새로운 콘텐츠 창작 도구로서 AI 기술은 어떠한 변화를 일으킬 수 있을까. 세계적인 국제 학술지 ≪네이처(Nature)≫에 인간과 AI의 협업에 관한 흥미로운 논문이 기고되었다. 이 논문은 MIT 집단 지성 센터(MIT Center for Collective Intelligence) 토머스 W. 멀론(Thomas W. Malone) 센터장과 압둘라 알마투크(Abdullah Almaatouq), 미셸 배커로(Michelle Vaccaro) 교수 연구팀이 연구해 2024년 10월 28일 ≪네이처≫에 최종 게재되었다. 연구 결과, 인간과 AI의 협업이 모든 작업에서 효과적이지는 않으며 작업 유형에 따라 그 효과가 달라질 수 있다고 한다. 특히 인간과 AI 협업을 통한 긍정적 효과를 기대할 수 있는 분야로 창의 작업을 꼽고 있다는 점에 주목할 만하다. 논문은 글쓰기나 작곡 등 예술 작품 제작에서 인간의 직관과 아이디어가 AI 생성 능력과 결합했을 때 시너지를 발휘해 창의적 결과물을 만들 수 있다고 밝혔다. 그리고 이미 생성형 AI(Generative AI)는 창의 작업과 밀접한 콘텐츠 업계에 혁신적인 변화를 일으키고 있다.

AI가 촉발한 창작의 시대

생성형 AI는 누구나 글, 이미지, 영상, 음악 등 다양한 콘텐츠를 만들 수 있는 '창작의 시대'를 열었다. 초기에 AI를 창작의 주체로 보고 AI 아티스트라는 용어를 내세운 것은 주로 기업이다. 이때 AI 기술과 서비스를 강조하여 대중의 이목을 끌기 위한 마케팅 목적이 도드라졌다. 그러나 생성형 AI의 등장으로 AI를 활용해 자신의 세계를 콘텐츠로 표현하는 사람들이 늘어났다. 그리하여 최근에는 로봇 팔로 그림을 그리는 휴머노이드 AI만이 아닌, AI 기술을 창작의 도구와 매체로 삼아 작품 활동을 하는 인간 예술가들을 AI 아티스트라 칭한다.

AI 아티스트의 면모는 다채롭다. 여기에는 기존 현대 미술 작가나 미디어 아티스트도 있지만 그렇지 않은 경우도 상당히 많다. 예술 전공자가 아닐지라도 생성형 AI 기술 활용 방법을 익혀서 능동적 실험을 통해 작품을 창작하고 전시 및 판매까지 이어 가는 이들이 늘어나고 있다. 일전에 블록체인 NFT 기술이 창작자의 진입 장벽을

낮춰 예술의 민주화를 이뤘다는 평을 받기도 했는데 그러한 경향성은 AI를 만나 가속화되었다. AI 아티스트로 활동하는 이들의 이력은 애니메이터, 의사, 만화가, 게임 기획자, PD, 디자이너, 모션 그래퍼, 디지털 아티스트, 현대 미술가 등 실로 다양하다. 콘텐츠 업계 종사자들이 AI를 계기로 아티스트 정체성을 강화하며 미술계에 한 걸음 다가온 느낌이다. 한국의 경우 AI 아티스트는 급속하게 발전하고 있는 AI 기술을 습득하기 위해 카카오톡, 디스코드, 페이스북 등의 온라인 커뮤니티에서 정보 공유, 공동 연구 및 실습, 전시 홍보 등의 활동을 이어 가고 있다. AI 아티스트 커뮤니티가 주최하는 단체전도 오프라인 갤러리에서 수시로 열리고 있다. 국가나 기업 등이 주최하는 AI 아트 공모전에 지원하며 작가 활동을 시작하는 등 다양한 경로로 AI 아티스트로서 진취적인 행보를 보이는 이들이 많다. 예술가를 꿈꿨으나 주변의 기대에 부응하기 위해 혹은 재능의 확신이 없어 그 길로 나아가지 못한 이들에게 AI는 눌러 둔 꿈을 꿈틀거리게 하는 힘을 지니고 있다. 이공계 영역으로 진학했으나 부모의 반대 등으로 예술가의 꿈을 펼치지 못한 청년들이 AI를 만나면서 자신이 무엇을 표현하고 싶었는지 고민하고 시도하는 모습도 보았다. 미대를 나왔으나 결혼하고 아이를 키우다 보니 창작을 이어 가기 어려웠다는 어느 엄마 작가는 AI와의 만남을 기적이라고 표현했다. AI로 시공간의 제약을 넘어 나의 세계를 세상에 선보일 수 있어 꿈만 같다고 감격하던 그 표정이 여전히 눈에 아른거린다. AI 콘텐츠를 창작하는 방송국 PD, 감독, 애니메이터, 디자이너, 현대 미술가 등 다양한 면모를 지닌 사람들을 만나면 새로운 길을 열어 가는 이들이 지닌 신선한 에너지와 활기가 느껴졌다. 열악한 제작 환경과 비용의 한계 등 그간의 제한된 상황에서 차마 다 풀어내지 못했던 자신의 이야기를 콘텐츠에 담아내는 모습은 나의 가슴도 두근거리게 했다. 창작 매체로서 AI의 가능성은 사람들을 통해 발견할 수 있다는 걸 깨달았다. 높은 기술 수용력과 도전 의식을 지닌 AI 콘텐츠 창작자들의 다수는 유연하고 열린 태도를 지니고 있었다. 그리고 AI를 외연에서 관찰하기보다 직접 사용해 보고 그 기능을 꾸준히 테스트하면서 경험을 통해 학습했다. 이후 자신이 축적한 노하우를 바탕으로 AI 아티스트, AI 영화감독, AI 아트디렉터, AI 큐레이터, AI 디자이너, AI 교육 강사 등 새로운 직업 기회를 발굴하여 다방면의 활동을 펼쳐 나가고 있다. 초기 이러한 움직임은 일정 기간 내에 기획한 프로그램을 제작해야 하는 방송국 등 레거시 미디어에서보다 독립 창작자들을 중심으로 벌어졌다. 그러나 주요 대기업들이 전사적으로 AI 사내 교육을 시작했고 AI 생존 경쟁에서 살아남기 위한 정부의 육성 정책과 지원 사업이 시행되는 등 AI 활성화를 위한 사회적 요건들이 형성되고 있다. 이러한 분위기에서 생성형 AI는 사회 전방위적으로 확산되며 일상의 기술로 스며들 것이다.

생성형 AI 도구 큐레이션

환경의 제약에도 불구하고 창작을 꿈꾸는 이들에게 지금은 마치 그림을 그릴 수 있는 다채로운 재료들이 준비된 상황과도 같다. 유화와 아크릴화의 미감이 다른 것처럼 AI 도구들마다의 특성을 파악하고 선별하여 자신만의 그림을 그려 나가기 위한 창작자들의 실험이 더욱 확산될 것이다. 손쉽게 사용할 수 있는 AI 서비스들이 출시되며 AI 상용화에 속도가 붙고 있기 때문이다.

큐레이션(curation)은 의미 있는 정보를 찾아내 더욱 가치 있게 제시한다는 뜻이다. 'AI 도구 큐레이션'이란 다양한 생성형 AI 도구 중 콘텐츠 제작 목적에 적합한 도구들을 선택하고 조합해 활용하는 것을 말한다. AI 도구들은 텍스트 생성, 이미지 편집, 음악 및 영상 제작 등 다양한 기능을 지니고 있다. 특히 2025년에는 이미지 생성형 AI 분야에서 괄목할 사례들이 등장해 화제를 모으고 있다. 대표적으로 오픈AI에서 GPT-4o를 기반으로 챗GPT 네이티브 이미지 생성 기능을 출시했는데, 한 주만에 1억 3000만 명 이상의 사용자들이 총 7억 개 이상의 이미지를 생성했다. AI가 일본 애니메이션 감독 미야자키 하야오가 설립한 스튜디오 지브리 스타일을 모방한 이미지를 만들어 준다는 점이 인기의 배경이다. 〈센과 치히로의 행방불명〉, 〈이웃집 토토로〉 등 지브리 애니메이션은 따뜻하고 서정적인 감성을 자아내는 화풍을 지니고 있다. 나와 가족, 지인의 얼굴이 담긴 사진을 챗GPT에 입력해 "지브리 스타일의 이미지로 바꿔 줘"라고 간단히 글로 지시하면 몇 초 만에 인생의 한 순간이 따뜻한 영화의 한 장면처럼 표현되었다. 폭발적인 인기와 동시에 AI 저작권에 관한 논란도 심화되었다.

챗GPT 네이티브 이미지 생성이 화제가 된 지 일주일 만에 이미지 생성 AI의 강자 미드저니(Midjourney)가 최신 AI 모델인 V7을 알파 버전으로 출시했다. 발 빠르게 이를 사용해 본 AI 아티스트들 사이에서 V7의 심미성과 신기능이 놀랍다는 탄성이 터져 나왔다. V7은 개인화(personalization)를 적용해 시각적 선호도를 반영한 이미지를 생성한다. 드래프트 모드(Draft Mode)를 선택하면 텍스트 프롬프트를 음성으로 바꿔 생성 이미지를 말로 변경하며 가다듬을 수 있다.

한편, 기획자라면 출처를 매번 확인하며 사실에 기반한 자료 검색을 해 나갈 때 챗GPT보다 퍼플렉시티(Perplexity AI)가 효율적이라 느낄 수 있다. 글을 쓰는 작가들 사이에서 클로드(Claude)가 문학적이고 창의적인 답변을 내놓는다는 평이 있다. 필자도 내가 쓴 글이 어떠한지 피드백이 필요할 때 클로드에게 물어보곤 하는데 가끔 사람과 소통하는 것 같아 놀랄 때가 있다. 오픈AI 출신 다리오 아모데이가 2021년 오픈AI의 영리화에 반대하며 박차고 나와 세운 회사가 바로 클로드를 개발한 AI 스타트업 앤스로픽(Anthropic)이란 점도 흥미롭다.

오랫동안 예술 강연과 집필을 이어 가고 있는 필자의 경우 콘텐츠의 시각화에 적합한 이미지와 영상을 신속하게 만들 수 있으면 족하다. 챗GPT에 "어떠어떠한 이미지를 만들어 줘"라고 지시하면 몇 초 만에 이미지를 생성하는데 꽤 만족스럽다. 미학적 완성도에 심혈을 기울이는 예술가들과 달리, 대중의 이해도를 높일 수 있는 시청각 자료를 저비용 고효율로 얻기 위한 목적이 우위에 있기 때문이다.

화가가 다양한 재료를 탐색하며 자신에게 맞는 매체를 선택해 표현하듯이, 나에게 적합한 AI 도구를 발견하는 과정도 동일하다. 또한 다른 창작자들은 어떠한 도구를 사용해 자신의 세계관과 미학에 부합한 콘텐츠를 만들고 있는지 상호 교류하며 끊임없이 배우는 태도가 필요하다.

성장하는 AI 시장

생성형 AI 시장은 지속적으로 성장할 전망이다. 시장 조사 기관 그랜드 뷰 리서치(Grand View Research)는 전 세계 생성형 AI 시장 규모가 연평균 34.6퍼센트 성장해 2030년에는 1093억 달러인 142조원에 달할 것으로 보았다. 이는 전 산업 분야에서 연간 3조5000억~5조8000억 달러의 경제 성장 효과에 달하는 수치다.

글로벌 콘텐츠 제작 분야에서 생성형 AI 시장 규모는 2023년 116억 달러(한화 약 16조 1936억 원)에서 2033년 약 1753억 달러(한화 약 24조 7188억 원)로 성장해 2024년부터 2033년까지 연평균 성장률 31.2퍼센트를 기록할 것으로 보인다.

특히 전 세계 생성형 AI 비디오 시장 규모는 2023년 197억 5000만 달러(약 28조 7000억 원)에서 2030년 994

억 8000만 달러(약 142조 1270억 원)로 성장할 것으로 예상된다.

AI 영화와 숏폼 콘텐츠의 확산

지난해 필자는 AI 콘텐츠 트렌드를 전망하며 경영 매거진에 "비디오 생성형 AI가 2024년 흔든다"라는 글을 기고했다. 비디오 생성형 AI의 확산은 AI 영화감독과 같은 새로운 유형의 창작자들이 활동할 수 있는 기반이 되어 주었다.

2024년에 이어 기업은 새로운 비디오 생성형 AI 서비스 출시와 기능 업데이트를 가속화하고 있다. 그에 따라 비디오 생성형 AI 사용은 더욱 활성화될 것이며, 이러한 추세는 향후 AI 영화를 비롯해 AI 숏폼(Short-Form) 동영상 콘텐츠의 폭발을 예상하게 한다.

구글의 동영상 생성 AI 모델 '비오 2(Veo 2)'가 유튜브 쇼츠에 추가됐다. 비오 2는 최대 4K 해상도로 2분 이상의 비디오를 제작할 수 있는 구글의 동영상 생성 AI 모델이다. 원하는 영상 내용을 설명하는 텍스트 프롬프트를 입력하고, 영상 효과 및 길이를 선택하면 간단한 쇼츠를 만들 수 있다. 유튜브 앱 내에서 텍스트 프롬프트를 기반으로 6초 길이의 비디오를 생성할 수 있게 된 것이다. 영상에는 AI 제작을 명시하는 워터마크와 라벨이 붙는다. 다만 이 기능은 미국, 캐나다, 호주, 뉴질랜드에서 먼저 출시되어 2025년 4월 현재 한국에서는 사용이 불가하다. 그러나 향후 더 많은 지역으로 확대할 계획이라 앞으로 AI로 손쉽게 유튜브 쇼츠를 제작할 수 있으리라 기대된다.

오픈AI는 동영상 생성형 AI '소라(Sora)'의 업그레이드 버전인 '소라 터보(Sora Turbo)'를 출시했다. 텍스트뿐 아니라 이미지와 동영상을 입력하면 최대 1080p 해상도, 20초 길이의 비디오를 만들 수 있다. 소라 터보에는 특정 영상 지점에 원하는 내용을 추가할 수 있는 스토리보드 도구 기능도 있다. 향후 소라는 챗GPT에 통합될 예정이다.

메타(Meta)는 동영상 생성 AI 분야에서 '무비 젠(Movie Gen)'이라는 모델을 선보였다. 메타는 무비젠을 '실감형 AI 콘텐트(immersive AI content)의 새로운 표준'이라 강조했다. 이 AI 모델은 텍스트 입력을 통해 최대 16초 길이의 HD 비디오와 48kHz 오디오를 생성할 수 있으며, 기존 비디오의 특정 요소를 편집할 수 있다. 또한 사진을 업로드하고 텍스트를 입력하면 사용자의 얼굴과 신체 특징을 유지하면서 자연스러운 움직임이 반영된 개인화 영상(personalized videos)을 생성한다. 메타는 무비젠을 인스타그램과 같은 자사 플랫폼에 통합하여 손쉽게 AI 기반 비디오 생성 및 편집 기능을 활용할 수 있도록 할 계획이다. 실제로 애덤 모세리(Adam Mosseri) 인스타그램 최고경영자(CEO)는 무비젠으로 편집한 티저 영상을 선보였다. 영상에서 모세리가 착용한 의상, 액세서리를 비롯해 배경이 클레이 애니메이션 스타일로 변환되어 재미있다. 이 기능이 인스타그램에 전면 도입될 경우 일종의 놀이문화처럼 자신의 프로필과 피드, 스토리를 AI 영상 콘텐츠로 편집해 올리는 이용자들이 많아질 거라 예상된다. 마치 지브리 스타일 AI 이미지 프로필이 페이스북을 비롯한 SNS를 뒤덮었던 것처럼 말이다.

아마존(Amazon)은 '아마존 노바(Amazon Nova)' 시리즈 중 '아마존 노바 릴(Amazon Nova Reel)'을 통해 고품질의 동영상 생성 모델을 선보였다. 이 모델은 광고, 마케팅, 교육 등 다양한 분야에서 전문가 수준의 비디오 콘텐츠를 손쉽게 제작할 수 있도록 돕는다. 생성된 비디오에는 워터마크가 포함되어 AI 생성 콘텐츠임을 알 수 있으며, 최대 2분 길이의 동영상 생성을 지원할 예정이다.

차세대 동영상 생성 모델 '젠-4(Gen-4)'를 출시해 호평을 받은 런웨이(Runway)는 AI 동영상 생성 기업 최초로 할리우드 영화 스튜디오 라이온스게이트와 맞춤형 모델 개발 계약을 체결했다. 런웨이는 2018년 미국 뉴욕대학교(NYU) 인터랙티브 텔레커뮤니케이션 프로그램 졸업생들이 공동창업했는데, 크리스토벌 발렌수엘라(Cristobal Valenzuela) 런웨이 CEO는 AI가 새로운 콘텐츠 장르 형성을 위한 매체라고 바라보고 있어 흥미롭다. 런웨이는 엔터테인먼트 사업부인 런웨이 스튜디오를 설립했으며 'AI 필름 페스티벌'도 개최하고 있다. 또한 AI 영화 및 애니메이션 제작 스튜디오를 구축하고, AI 생성 영상을 활용한 영화 제작 프로젝트를 추진 중이다.

AI 추론 모델, 논리적인 협업 파트너

생성형 AI는 방대한 데이터를 기반으로 콘텐츠를 생성할 수 있지만, 논리적 일관성과 맥락 이해에 한계를 보였다. 반면, AI 추론 모델은 이야기의 개연성을 검토하고 서사의 논리를 정밀하게 구축함으로써 생성형 AI를 보완할 거라 예상된다. 다만 현 시점에서는 AI 추론 모델의 개발이 한창 진행 중이기에 AI 추론 모델과 생성형 AI가 만나 일으킬 시너지 효과에 관한 견해는 실제 사례에 기반한다기보다는 예측에 가깝다.

≪MIT 테크놀로지 리뷰(MIT Technology Review)≫는 AI의 미래 전망으로 '추론하는 대규모 언어 모델(Large Language Models That Reason)'을 꼽았다. 이러한 AI 모델은 단순한 콘텐츠 생성이 아니라, 문제 해결 과정에서 논리적으로 사고하고 대안을 탐색하는 능력을 갖춘 것이 특징이다. 즉, 한 가지 접근법이 실패하는 경우 다른 방법을 찾아 시도하고 복잡한 문제를 단계별로 분석하여 해결한다. 이를 통해 수학, 물리학, 논리 문제뿐만 아니라, 요리나 코딩과 같은 실용적인 영역에서도 더욱 정교한 답변을 제공할 수 있다. 생성형 AI가 단순히 데이터를 조합해 텍스트나 영상을 만들어 냈다면, 추론형 AI는 맥락을 이해하고 논리적으로 정리하여 더욱 설득력 있는 콘텐츠를 제작할 거라 기대된다.

참고문헌

AWS(2025.1.27). Image and video prompt engineering for Amazon Nova Canvas and Amazon Nova Reel. https://aws.amazon.com/ko/blogs/machine-learning/image-and-video-prompt-engineering-for-amazon-nova-canvas-and-amazon-nova-reel/

Baek Byung-yeul(2025.4.1). Studio Ghibli-inspired AI feature

sparks copyright debate. *TheKoreaTimes*.
https://www.koreatimes.co.kr/www/culture/2025/04/199_395395.html

Dina Berrada(2025.2.13). Imagine it, create it: Veo 2 is coming to YouTube Shorts. Youtube Official Blog.
https://blog.youtube/news-and-events/veo-2-shorts/

Grand View Research(2024). Artificial Intelligence Market To Reach $1,811.75 Billion By 2030.
https://www.grandviewresearch.com/press-release/global-artificial-intelligence-ai-market

Kyle Wiggers(2025.4.3). Midjourney releases V7, its first new AI image model in nearly a year. TechCrunch.
https://techcrunch.com/2025/04/03/midjourney-releases-its-first-new-ai-image-model-in-nearly-a-year/

Meta. Meta Movie Gen.
https://ai.meta.com/research/movie-gen/

Nature(2024). When combinations of humans and AI are useful: A systematic review and meta-analysis.
https://www.nature.com/articles/s41562-024-02024-1

Open AI(2024.12.9). Sora is here.
https://openai.com/index/sora-is-here/

Reece rogers(2024.9.10). An Avalanche of Generative AI Videos Is Coming to YouTube Shorts. WIRED.
https://www.wired.com/story/generative-ai-tools-youtube-shorts-veo/

Runway. https://runwayml.com/about

02

에이전틱 AI와 피지컬 AI 시대의 개막

AI 기술은 AI 에이전트와 피지컬 AI로 진화하고 있다. 혼용해 사용하고 있는 에이전틱 AI와 AI 에이전트의 개념을 이해하고, AI 개인 비서를 구현하기 위해 발 빠르게 기술을 도입하고 있는 기업들의 동향을 파악할 필요가 있다. AI에 몸을 갖게 해 준 피지컬 AI 시대가 다가오면 캐릭터와 실시간으로 소통하는 인터랙티브 콘텐츠도 늘어날 것이다.

AI와 MBTI?

에이전틱 AI와 AI 에이전트의 차이

2025년이 시작될 무렵 새해 기술 트렌드를 전망한 언론 보도와 보고서가 쏟아져 나왔다. 이 중 AI 에이전트 시대의 도래에 관한 글이 많았는데, 필자가 살펴본 외신 기사 등에서는 에이전틱 AI(Agentic AI)란 표현을 사용하고 있어 두 단어의 관계에 관해 짚어 볼 필요를 느꼈다.

에이전트는 행위자를 의미하며, AI 에이전트(AI Agent)는 인간 사용자가 부여한 목표를 달성하기 위해 적절히 행동하는 행위자다(이경전, 2024). 즉, AI 에이전트는 챗봇, 추천 시스템, 자율주행 AI 등 특정 작업을 수행하는 개별 실행 주체다.

반면, 에이전틱 AI는 AI 에이전트보다 넓은 개념으로 더 높은 수준의 자율성, 상황 인식, 적응력을 갖춘 진보된 시스템이자 체계, 구조, 프레임워크다.

AI 석학인 앤드루 응(Andrew Ng) 스탠퍼드대학교 교수는 "명사인 에이전트(agent)는 특정한 정의를 요구하지만, 형용사인 에이전틱(agentic)은 다양한 시스템을 포함할 수 있는 개념을 제공한다"라고 설명했다. 그는 '자율적 에이전트(autonomous agent)'는 "높은 수준의 지시를 받으면 계획을 세우고, 도구를 활용하며, 여러 단계에 걸쳐 반복적으로 작업을 수행(given high-level instructions, plans, uses tools, and carries out multiple, iterative steps of processing)"한다고 보았다. 이어서 그는 "기술 전문가와 비전문가 모두 에이전트라는 단어를 사용하지만, 에이전틱이라는 단어는 아직까지는 주로 기술 전문가들만 사용한다"라고 지적하며 "에이전틱이라는 단어가 포함된 글을 보면, 마케팅적인 표현이 아니라 기술을 진정으로 이해하는 사람이 쓴 글일 가능성이 높다"라고 사견을 곁들이기도 했다. 중요한 건 "어떤 시스템이 진정한 에이전트인지 따지는 대신, 시스템이 어느 정도로 에이전트적인지 인정하는 방식이 더 포용적인 접근법"이라고도 덧붙였다.

IBM이 설명한 에이전틱 AI와 AI 에이전트의 구분은 보다 구체적이다. 이에 따르면, 본질적으로 에이전틱 AI는 전체적인 프레임워크(framework) 즉 구조이며, AI 에이전트는 그 프레임워크 내에서 개별적인 구성 요소로 작동한다. 즉, 에이전틱 AI는 문제 해결과 닿아 있는 광범위한 개념이고, AI 에이전트는 시스템 내에서 특정 작업과 프로세스를 일정 수준의 자율성을 가지고 수행하도록 설계된 개별 요소다. 특히 에이전틱 AI 시스템은 사용자의 목표나 비전을 이해하고, 주어진 정보를 활용하여 문제를 해결하면서 '인간이 AI와 상호 작용하는 방식(the way humans interact with AI)'을 변화시킨다. 예시로 든 스마트 홈의 경우 개별 AI 에이전트는 스마트 온도 조절기, 조명, 가전제품 등이다. 에이전틱 AI는 AI 에이전트를 조율해 작동하게 만든다. 즉, 실시간 데이터와 사용자 선호도를 바탕으로 전체 에너지 소비 시스템을 관리하고 운영한다.

이러한 에이전틱 AI의 특징은 크게 다섯 가지로 꼽을 수 있다. 에이전틱 AI는 사전에 설정된 계획과 목표를 기반으로 인간의 개입 없이 또는 최소한의 입력만으로 상황을 평가하고 '의사 결정(Decision-making)'한다. 또한 '문제 해결(Problem-solving)', '자율성(Autonomy)', '상호 작용성(Interactivity)', '계획 수립(Planning)'도 에이전틱 AI의 핵심 특징이다.

벤저민 리(Benjamin Lee) 펜실베이니아대학교 공학 및 컴퓨터과학과 교수는 에이전틱 AI가 '패러다임 전환'을 이끌 것이라고 말했다. 리는 "최근까지 AI 연구는 단일 작업에서 뛰어난 성능을 발휘하는 모델을 훈련하는 데 초점을 맞췄지만, 작업은 종종 상호 의존적인 여러 업무로 구성된다"라고 말했다. 리는 "에이전틱 AI를 사용하면 인간은 더 이상 AI에 개별 작업(individual task)을 지시하는 것이 아니라 하나의 업무(job)를 맡기게 되며

AI가 스스로 필요한 작업을 전략적으로 계획하고 수행한다"라고 설명했다.

에이전틱 AI 시대를 준비하는 기업들

구글은 에이전틱 시대를 준비하기 위한 새로운 AI 모델(new AI model for the agentic era)로서 제미나이 2.0(Gemini 2.0)을 공개했다. 이어서 제미나이 2.0 모델 제품군의 첫 번째 모델로 제미나이 2.0 플래시(Gemini 2.0 Flash)의 실험 버전을 출시했다. 특히 '프로젝트 아스트라(Project Astra)'는 AI 에이전트의 실제 적용을 위한 것으로, 실생활에서 텍스트, 오디오, 영상 관련 질문에 실시간으로 사람처럼 답변하는 AI 에이전트다. 향후 안드로이드 휴대전화인 삼성 갤럭시 S25, 스마트 안경, 제미나이 앱 등에 탑재되어 AI 비서 역할을 하게 된다. 즉, AI가 카메라를 통해 주변 환경을 실시간으로 인식하고, 사용자와 대화하며 질문에 답하고 필요한 정보를 제공할 수 있다. 옷에 붙어 있는 세탁 방법에 관한 태그를 사진으로 찍어서 물어보면 음성으로 구체적인 방법을 AI가 알려 주고, 길을 가다 어떠한 건물인지 질문하면 상세히 가르쳐 주는 식이다. 아스트라는 다국어 소통이 가능하고 단어의 억양과 발음의 악센트 등도 파악할 수 있다. AI의 기억력도 향상되어서 최대 10분의 메모리를 지니고 과거에 했던 대화를 기억한다. 개인화가 가능한 AI 비서의 등장이다.

또한 구글이 공개한 웹 브라우징 에이전트 '마리너(Mariner)'는 사용자가 제공한 사진과 유사한 크리스마스 쿠키 레시피를 찾고 온라인 장바구니에 재료를 추가하는 작업을 수행했다. 그러다가 특정 재료를 선택하지 못하고 멈췄는데, 마리너는 이 문제를 단계별로 나눠 "뒤로 가기 버튼을 클릭해 레시피로 돌아가겠다"라고 설명하며 문제를 해결했다.

AI 에이전트가 개인의 선호도를 고려해 구매할 물건을 추천해 주고, 쇼핑 시간을 단축해 주는 미래도 가까이 와 있다. MS는 부킹닷컴, 익스피디아, 인스타카트 등 여행 및 쇼핑 플랫폼과의 제휴를 발표하고 코파일럿의 쇼핑 기능을 확대했다. MS의 AI 에이전트 코파일럿은 AI TV를 내세우고 있는 삼성전자의 TV와 모니터에도 탑재된다. 앤스로픽은 구체적인 지시가 없어도 AI가 스스로 필요한 정보를 위해 자율적으로 작동하는 AI 에이전트 '컴퓨터 유즈(Computer use)'를 선보였다. 이 기술은 사람처럼 컴퓨터를 사용하여 커서를 움직이고, 버튼을 클릭하고, 텍스트를 입력하는 방식으로 작동한다. 즉, AI

가 스스로 웹 서핑, 코딩, 앱 상호 작용 등을 수행한다. 또한 앤스로픽은 치열한 AI 에이전트 시장을 공략하기 위해 데이터브릭스(Databricks)와 손을 잡았다. 데이터브릭스는 빅테이터 및 AI 분석을 위한 클라우드 기반 데이터 플랫폼 기업이다. 엔스로픽과 데이터브릭스는 AI 스타트업과 기업 데이터 분야의 협력 방식을 보여 준다. 기업은 데이터브릭스 플랫폼에 데이터를 저장하는데, 이때 클로드를 제공해 기업 데이터로 AI 에이전트를 구축할 수 있도록 지원한다. 한편, 세일즈포스(Salesforce)는 비즈니스 영역에서 업무 보조 및 자동화, 데이터 분석, 고객 서비스 문의 응답 등을 지원하는 '에이전트포스(Agentforce)'를 출시했다. 이를 통해 실시간으로 고객의 문의를 처리하고 맞춤형 응답을 제공하며 문제를 해결하는 등 고객과 소통할 수 있다.

오픈AI는 웹브라우저 AI 에이전트 '오퍼레이터(Operator)'를 공개했다. 오퍼레이터는 웹브라우저를 제어하고 독립적으로 쇼핑, 배달, 식사, 여행 등의 특정 작업을 수행할 수 있는 범용 AI 에이전트다. 오퍼레이터는 여행 숙박 예약, 레스토랑 예약, 온라인 쇼핑과 같은 작업을 자동화할 수 있다. 오퍼레이터에게 명령을 내리면 별도의 전용 브라우저를 사용해 작업을 실행하므로 사용자는 다른 업무를 계속할 수 있다. 오퍼레이터는 챗GPT-4o와 고급 추론 모델의 능력을 결합한 '컴퓨터사용에이전트 모델(Computer-Using-Agent, CUA)'을 사용한다. 이를 통해 AI가 이용자 명령에 따라 사람처럼 웹페이지에서 버튼을 사용하고, 메뉴를 탐색하고, 양식을 작성할 수 있다. 신형 AI 비서의 확장성을 위해 오픈AI는 e커머스 대표 기업인 이베이, 음식 배달 기업 도어대시, 여행 기업 프라이스라인, 차량 공유 기업 우버 등과 제휴했다.

딜로이트(Deloitte)는 2025년 기술, 미디어 및 통신 예측 보고서를 통해 AI 에이전트를 도입하는 기업들이 향후 2년간 그 활용도를 50퍼센트 이상 확대할 거라 예상했다. AI 에이전트는 고객 경험 개인화, 보안 강화, 규제 준수, 에이전트 개발 및 조정 등에서 영향을 미칠 전망이다. 또한 AI가 실시간 이상 탐지를 통해 사기 및 사이버 보안 위협을 방지하고, 취약점 탐지 등의 작업을 자동화할 것이라 보았다.

AI 에이전트의 콘텐츠 접목 가능성

AI 에이전트가 시장의 화두가 되고 있지만 이러한 흐름이 콘텐츠 영역에 어떠한 방식으로 어느 정도의 영향을 끼칠지 쉽사리 단정하기는 어렵다. 향후 기술 발전 정도와 서비스 상용화, 기업의 사업 지속성, 정부 정책 지원 여부 등 다양한 요인이 콘텐츠 산업 육성의 변수로 작용할 수 있기 때문이다. 그러나 시장 동향과 속속 등장하는 기술 적용 실사례를 분석하여 상상력을 동원해 미래를 예측해볼 수는 있다.

엔비디아 창립자 겸 CEO인 젠슨 황(Jensen Huang)은 CES 개막 기조연설에서 아마추어 야구 선수의 직구 투구 기술을 프로 선수와 비교해 평가하는 AI 영상 분석 에이전트를 시연했다. AI 에이전트는 젠슨 황이 샌프란시스코 자이언츠(San Francisco Giants) 야구팀에서 시구자로 나선 영상을 사용해 개선이 필요한 부분을 제안했다. 시각 인식 기능이 내장된 대화형 AI 에이전트가 상시로 활동하는 영상 분석가 역할을 한 사례다. 엔비디아는 영상 검색과 요약을 위한 '엔비디아 AI 블루프린트(NVIDIA AI Blueprint)'의 신규 버전을 정식 출시 전에 미리 사용할 수 있도록 했다. 개발자를 대상으로 AI 에이전트를 구축하고 배포할 수 있는 툴을 제공한 것인데, 이 AI 에이전트는 대량의 영상과 이미지 콘텐츠를 자동으로 분석할 수 있는 기능을 갖추고 있다. 이는 AI 에이전트를 사용해 시청자 개개인의 선호도를 고려한 맞춤형 콘텐츠 제작 촉진 시스템을 구축하려는 시도다.

에이전틱 AI는 여러 AI 에이전트가 협력하여 콘텐츠를 제작·관리하는 시스템을 구축할 수 있다. 예를 들어 영화 홍보의 경우, 먼저 자연어 처리 AI가 시나리오를 분석해 주요 장면과 캐릭터를 추출하면, 이미지 생성 AI가 이를 바탕으로 포스터 및 홍보 이미지를 만든다. 영상 편집 AI는 특정 클립을 분석해 예고편과 홍보 영상을 제작하며, 소셜미디어 콘텐츠 생성 AI는 게시물을 작성하고 적절한 이미지와 함께 자동으로 업로드할 수 있다. 개별 AI 기술은 이미 활용되고 있으며, 향후 이들을 유기적으로 연결하는 에이전틱 AI 시스템이 발전할 것으로 기대된다.

AI 에이전트가 당면한 문제들

AI 에이전트는 인간의 감독과 지침이 필요하며 완전한 자율성을 갖추지 못했다. 전문가들은 AI 에이전트의 발전 가능성에 대해 긍정적으로 전망하지만, 상용화에는 시간이 필요하다. 에이전트라는 용어를 마케팅 차원에서 띄우고 있는 건 아닌지도 점검해 볼 필요가 있다. 아울러 AI 에이전트를 둘러싸고 해결해야 할 문제들도 산적하다.

IT 컨설팅 기업인 가트너(Gartner)에 따르면, 2028년까지 기업의 일일 의사 결정 중 최소 15퍼센트가 AI 에이전트를 통해 자율적으로 이루어질 것으로 예상된다. 하지만 같은 기간 동안 AI 에이전트의 악용으로 인해 발생하는 보안 침해 사고가 전체 기업 보안 사고의 25퍼센트를 차지할 거라 전망한다.

시장조사업체 캡제미니(Capgemini)에 따르면 2024년 51억 달러(약 7조 5000억 원)이던 AI 에이전트 시장은 2030년 471억 달러(약 67조 2200억 원)로로 불어날 전망이다. 또한 캡제미니는 기업의 82퍼센트가 향후 3년 내 AI 에이전트를 도입할 계획이라 발표하며, 활용 분야로 이메일 생성, 코딩, 데이터 분석 등을 꼽았다. 이어 기업들이 AI 에이전트 투명성과 책임성 확보를 위해 보호 장치를 마련해야 한다고 경고했다. 데이터 품질이 낮으면 오류와 불일치가 발생할 수 있으며 잘못된 데이터로 인해 부정확한 예측이나 결정을 내릴 위험이 있다. AI 에이전트가 개인 정보 보호 규정을 준수하지 않거나 동의 없이 데이터를 활용하는 경우 법적 문제가 발생할 수 있다. 기술 발전 속도가 법규를 초월할 가능성이 높아 기업들은 단순한 규제 준수를 넘어 잘못된 해석, 정책 무시, 의도치 않은 행동 등의 위험을 관리해야 한다.

몸을 지닌 AI

2025 소비자 가전 전시회(Consumer Electronics Show, CES) 기조연설 무대에 선 엔비디아의 젠슨 황은 AI의 발전 과정을 인식형 AI(Perception AI), 생성형 AI(Generative AI), 에이전틱 AI(Agentic AI), 피지컬 AI(Physical AI)의 네 단계로 분류해 소개했다. 피지컬 AI 시대의 개막을 발표하며 커다란 스크린에 다양한 로봇들이 등장한 순간 기묘한 감정이 들었다. 극적인 효과로 청중의 관심을 사로잡아야 하는 자리라는 걸 인지했지만 수많은 영화에 등장한 휴머노이드(humanoid, 인간형) AI 로봇이 현실에 성큼 다가온 기분이었기 때문이다. 젠슨 황은 피지컬 AI가 창출할 부가가치가 약 50조 달러(한화 약 7경 2585조 원)에 이를 거라 전망했다. 피지컬 AI는 로봇이나 자율주행자동차와 같은 자율 기계(autonomous machines)가 현실의 물리적 세계에서 인식하고, 이해하며, 복잡한 작업을 수행할 수 있도록 하는 기술이다. 새로운 작업이나 행동을 스스로 만들어 내고, 이를 실제 세계에서 실행할 수 있는 능력을 갖췄다는 면에서 '생성형 피지컬 AI(Generative Physical AI)'라고도 한다.

피지컬 AI는 센서와 오디오 등을 융합해 현실 세계를 이해하고 자율적으로 작동하며 행동한다. 이는 로봇, 드론, 스마트 제품 등 물리적 기기로 구현된다. 인간과 닮은 휴머노이드 로봇은 피지컬 AI를 구현한 하나의 양상이지 그 자체가 피지컬 AI의 전부는 아니다. 피지컬 AI는 스마트 센서를 통해 실시간으로 수집하고 분석한 데이터를 기반으로 3차원 공간에서 주변 환경을 인식하고 반응하며 행동한다. 생성형 AI 모델은 대량의 텍스트 및 이미지 데이터를 학습하여 생성하나 물리 세계의 규칙과 공간에 대한 이해가 부족하다. 그러나 피지컬 AI는 AI 훈련 과정에서 물리적 규칙과 공간 정보를 포함한 데이터를 제공해 3D 세계를 이해할 수 있도록 설계되었다.

피지컬 AI와 인터랙티브 콘텐츠

피터팬에 등장하는 요정 팅커벨을 만날 수 있다면 어떨까 상상해 본다. 반짝이는 날갯짓과 함께 다가오는 작은 존재에게 어린 시절 소녀의 마음으로 조곤조곤 나누고픈 이야기들이 많을 것 같다. 이제 아름다운 동화와 같은 상상이 현실로 구체화되고 있다. 피지컬 AI라는 기술을 통해 AI가 몸을 입고 인간과 상호 작용할 수 있게 되었기 때문이다. 이러한 변화는 게임, 공연, 영화, 테마파크 등 다양한 콘텐츠 산업에서 새로운 경험을 창출할 것으로 기대된다. 디지털 콘텐츠에 등장한 캐릭터는 이제 로봇의 몸을 입고 관객과 실시간으로 소통할 수 있다. 대표적으로 AI와 콘텐츠의 접목을 꾸준히 시도해 온 디즈니의 행보에는 인터랙티브 엔터테인먼트의 미래가 담겨 있다. AI를 비롯한 최첨단 기술은 디즈니 캐릭터에 생명을 불어넣고 있다.

디즈니는 디지털 요소를 현실 세계에 배치하는 증강 현실, 사용자를 시뮬레이션 환경에 몰입시키는 가상 현실, 그리고 이 둘을 결합한 혼합 현실 구현 방안을 줄기차게 모색해 왔다. AI 역시 엔터테인먼트 사업 전반에 도입하고자 연구 조직인 태스크포스를 먼저 설립하며 변화에 준비했다. 2024년 11월 디즈니는 AI · XR 전담 조직인 '기술 활성화 부서(Office of Technology Enablement)'를 신설했다. 이 팀은 애플의 혼합 현실 기기인 비전 프로용 디즈니 앱 개발을 주도한 영화 스튜디오 CTO 제이미 보리스가 담당한다. 조직은 100명 규모로 확대될 전망이다. 이 조직은 영화, TV, 테마파크 등 디즈니의 주요 사업 부문에 최신 기술을 접목하는 역할을 담당하게 된다. 디즈니는 XR 콘텐츠 제작 및 장치를 개발하고 디즈니 캐릭터를 활용한 캐릭터 챗봇 개발을 추진할 것으로 보인다.

디즈니는 2023년 세계 최대 콘텐츠 산업 축제인 사우스 바이 사우스웨스트(South by Southwest, SXSW)에서 '주디'라는 AI 로봇을 선보였다. 유튜브에 올라온 영상을 보고 자연스러운 움직임에 감탄했던 기억이 있다. 이 로봇은 애니메이션 〈주토피아〉의 주디 홉스 캐릭터를 모델로 한다. 주토피아는 동물이 인간처럼 살아가는 가상의 도시이며 주디 홉스는 시골 출신의 토끼 경찰이다. 토끼 머리에 어린이 몸집을 지닌 AI 주디 로봇은 상자에서 굴러 나와 공중제비를 돌더니 활기차게 롤러스케이트를 탔다. 영화에 등장한 캐릭터가 화면에서 현실로 스크린을 찢고 튀어나온 듯했다. 놀라운 건 감정이 풍부한 애니메이션 캐릭터의 부드러운 움직임을 로봇으로 구현했다는 점이다. 이 로봇은 단순한 AI 챗봇이 아니라 센서, 모터, 유연한 메커니즘을 활용하여 실제 공간에서 자율적으로 움직이고 상호 작용하는 피지컬 AI 시스템에 가깝다. 2024년에는 디즈니 산하 연구 조직인 디즈니 리서치(Disney Research)가 감정이 있는 것처럼 표현하고 행동하는 이족보행 로봇을 개발했다. 앞으로 디즈니 테마파크와 같은 장소에서 피지컬 AI 기반 로봇이 관객과 소통하는 몰입형 테마파크 경험을 기대해 볼 만하다. 단순히 영화관이나 TV로 애니메이션을 볼 뿐 아니라 영상에 등장한 캐릭터와 현실 공간에서 만나 대화할 수 있는 미래가 가까이 다가오고 있다.

참고문헌

구글 코리아 블로그(2024). 제미나이 2.0 출시: 에이전트 시대를 위한 구글의 새로운 AI 모델.
https://blog.google/intl/ko-kr/company-news/technology/gemini-2-0-kr/

딜로이트 글로벌 TMT 센터(2025). 2025 첨단기술·미디어 통신 산업 전망. 융합하는 AI·첨단기술·미디어·통신, 거대한 혁신의 생태계 형성. 한국 딜로이트 그룹.

여현덕(2025.2.20). 매혹적인 '피지컬 AI' 여성에 푹 빠진 남성 [AI와 함께하는 세상]. ≪매일경제≫.
https://www.mk.co.kr/news/it/11244542

이경전(2024). 『AI 에이전트와 사회 변화』. 커뮤니케이션북스.

한국지능정보사회진흥원.(2024.12). 『AI 에이전트 시대, AI 활용 패러다임 변화』. 한국지능정보사회진흥원.
https://eiec.kdi.re.kr/policy/domesticView.do?ac=0000191557

Belle Lin(2025.1.6). How Are Companies Using AI Agents? Here's a Look at Five Early Users of the Bots. *The Wall street journal.*
https://www.wsj.com/articles/how-are-companies-using-ai-agents-heres-a-look-at-five-early-users-of-the-bots-26f87845

Databricks(2025). Databricks and Anthropic Sign Landmark Deal to Bring Claude Models to the Data Intelligence Platform.

https://www.databricks.com/company/newsroom/press-releases/databricks-and-anthropic-sign-landmark-deal-bring-claude-models

DeepLearning.AI(2024). Welcoming Diverse Approaches Keeps Machine Learning Strong.
https://www.deeplearning.ai/the-batch/welcoming-diverse-approaches-keeps-machine-learning-strong/

Emma Roth(2024.12.20). Google reveals AI 'reasoning' model that 'explicitly shows its thoughts'. *The Verge*.
https://www.theverge.com/2024/12/19/24325169/google-ai-reasoning-model-gemini-flash-2-thinking

Eve Chen(2023.3.10). Disney unveils next-generation robot and other new 'blue-sky' technologies at SXSW. *USA TODAY*.
https://www.usatoday.com/story/travel/experience/america/theme-parks/2023/03/10/disney-sxsw-new-tech-robot/11443667002/

Google DeepMind. Project Astra.
https://deepmind.google/technologies/project-astra/

IBM(2025). Agentic AI vs. generative AI.
https://www.ibm.com/think/topics/agentic-ai-vs-generative-ai

Lucas Mearian(2025.1.13). The next AI wave — agents — should come with warning labels. *Computer world*.
https://www.computerworld.com/article/3727412/the-next-ai-wave-agents-should-come-with-warning-labels.html

Microsoft Learn(2025.1.8). Copilot Studio 개요.
https://learn.microsoft.com/ko-kr/microsoft-copilot-studio/fundamentals-what-is-copilot-studio

MIT Technology Review(2025.1.8). What's next for AI in 2025. https://www.technologyreview.com/2025/01/08/1109188/whats-next-for-ai-in-2025/
NVIDIA(2025). NVIDIA Media2 Transforms Content Creation, Streaming and Audience Experiences With AI. https://blogs.nvidia.com/blog/media2/
NVIDIA. What is Physical AI?. https://www.nvidia.com/en-us/glossary/generative-physical-ai/

03
AI 엔터테인먼트와 인터랙티브 콘텐츠

글로벌 OTT 기업은 콘텐츠 제작에 AI를 활용하며 수익성 개선을 위한 비즈니스 모델 발굴을 시도하고 있다. AI 저작권 침해와 창작자 보상 문제에 관한 논쟁이 심화되는 상황에서도 AI 기반 인터랙티브 콘텐츠는 Z세대의 호응을 이끌며 성장할 것으로 보인다. 영화, 음악, 웹툰, 게임 등 엔터테인먼트 산업은 인간의 창의성 보호라는 가치를 지키며 전략적으로 AI를 도입하고자 신중하면서도 민첩하게 움직이고 있다.

AI와 난임 극복?

글로벌 OTT 기업의 AI 도입

넷플릭스(Netflix)와 디즈니플러스(Disney plus), 아마존 프라임 비디오(Amazon Prime Video)는 모두 1억 명 이상의 가입자를 확보한 미국의 온라인 동영상 서비스(Over-The-Top, 이하 OTT) 플랫폼이다. 이들은 오리지널 콘텐츠 제작에도 압도적인 투자 규모를 자랑한다. 그럼에도 글로벌 OTT 스트리밍 시장은 성장세가 둔화하고 이미 포화 상태다. 그래서 콘텐츠 다각화와 신규 비즈니스 모델 발굴로 수익성을 개선해야 하는 상황이다. 글로벌 OTT 기업들은 그 해법의 하나로 AI의 가능성을 엿보고 있다. 그중 넷플릭스와 아마존 프라임 비디오가 AI를 도입하는 양상을 살펴보면 OTT 플랫폼의 AI 미래 전략을 가늠할 수 있다.

넷플릭스

넷플릭스는 190개 이상의 국가에서 2억 8300만 명 이상의 유료 회원이 다양한 장르와 언어로 TV 시리즈, 영화, 게임을 즐기는 세계적인 엔터테인먼트 콘텐츠 플랫폼이다. 그런데 1997년 창업 당시 넷플릭스는 DVD 대여 및 배송 서비스를 하는 곳이었다. 인터넷 속도가 점점 빨라지고 디지털 콘텐츠 소비가 늘어나면서 이러한 시대 변화를 포착한 넷플릭스는 2007년 온라인 스트리밍 서비스로 전환했다. 이때부터 넷플릭스는 본격적인 기술 중심 기업으로 변화했다.

2013년에는 단순한 유통 플랫폼을 넘어서 콘텐츠 제작사로 변신하며 첫 번째 넷플릭스 오리지널 시리즈 〈하우스 오브 카드(House of Cards)〉를 출시했다. AI 기반 데이터 분석을 활용해 시청자들이 좋아할 만한 스토리와 배우 조합을 예측한 것이 성공 요인으로 꼽힌다. 이 단계에서 넷플릭스는 기술을 활용한 글로벌 콘텐츠 제작 및 배급사로 거듭났다. 넷플릭스의 핵심 경쟁력은 방대한 데이터 활용과 AI 추천 알고리즘, 자체 콘텐츠 제작을 결합한 기술력에 있다. 이러한 넷플릭스의 성공은 기술과 콘텐츠가 결합할 때 어떻게 혁신이 가능한지 보여주는 대표적인 사례다.

넷플릭스의 역사를 살펴보면 시대의 변화에 기민하게 반응하며 혁신을 시도해 왔다는 걸 발견할 수 있다. 그리고 이러한 흐름에서 넷플릭스가 대형 언어 모델(LLM)과 생성형 AI를 조직 전체에 도입할 거라는 점을 자연스럽게 예상해 볼 수 있다.

넷플릭스는 이미 AI를 활용한 고도화된 콘텐츠 큐레이션 시스템을 갖추고 있다. 시청 기록, 시청 속도, 유사한 취향을 가진 사용자의 선호도 등 다양한 요소를 AI 알고리즘이 분석해 개인화 콘텐츠를 추천해 준다. 다만 콘텐츠 제작에 AI를 활용하는 건 신중함을 기하고 있다. 배우, 작가, 성우, 애니메이터, 디자이너 등 창작자들의 권리를 침해할 요소가 있어 반발을 살 수 있기 때문이다.

지난 2023년 넷플릭스는 애니메이션 배경 화면 제작에 AI 기술을 사용하는 시도를 했다. 넷플릭스 재팬이 공개한 일본 애니메이션 〈개와 소년〉의 예고편 영상 마지막 장면 크레디트에 백그라운드 디자이너 'AI +(Human)'이라는 표기가 눈에 띄었다. 처음 대략의 스케치는 사람이 했다. 이후 AI가 정교한 배경 화면을 생성하며 채워주었다. 최종 결과물은 다시 사람이 검토하고 수정했다. 넷플릭스는 이처럼 콘텐츠 제작 보조 도구로 AI를 사용했다. 일손이 부족한 애니메이션 업계를 지원하고 생산성 향상을 실험하려 했다는 것이 넷플릭스의 주장이다. 그러나 낮은 임금과 고강도 업무에 처한 애니메이션 종사자들의 처우 개선이 우선이며 AI가 인간 창작자의 일자리를 침해할 수 있다는 논란이 일었다.

그럼에도 넷플릭스는 다방면으로 AI 도입을 확장할 것으로 보인다. 최근 넷플릭스 채용 공고와 언론 인터뷰 기사 등을 검토한 결과 가까운 시일에 네 가지 방면으로

AI 혁신을 추진할 거라 예상한다.

첫째, 고품질 콘텐츠 현지화 작업이다. 실제로 넷플릭스는 실시간 번역과 캡션 생성 등 콘텐츠 현지화를 지원하는 알고리즘을 개발하려 관련 인력 채용을 시도했다. 향후 다국어 콘텐츠 자막 생성 및 번역 자동화, 더빙 작업에 AI를 활용해 고품질 현지화 콘텐츠를 제작할 것으로 보인다.

둘째, 콘텐츠 제작 효율성 모색이다. 컴퓨터 생성 이미지(Computer-generated imagery, CGI)에 생성형 AI를 사용하는 등 콘텐츠 제작 프로세스 전반에 걸쳐 비용 절감과 효율성 향상을 꾀할 것이다.

셋째, 생성형 AI 기반 게임 개발이다. 넷플릭스는 AI 기술을 활용한 게임을 통해 인터랙티브 엔터테인먼트의 가능성을 탐색하고 있다. 넷플릭스의 게임사업팀(GenAI for Games)은 생성형 AI 관련 전문성을 갖춘 수석 테크니컬 게임 디자이너(Lead Technical Game Designer)를 모집했다. 이 팀은 게임 개발 속도를 높이는 동시에 완전히 새로운 게임 경험을 창출하고자 하며, AI 기반 게임을 넷플릭스 플랫폼에서 제공할 것으로 보인다.

넷째, 콘텐츠 기획 및 마케팅 활동이다. 트렌드와 시청 데이터를 AI로 분석하면 잠재적인 인기 콘텐츠 주제와 장르를 예측할 수 있다. AI로 보다 정밀하게 특정 국가에서 인기 있는 장르를 파악하고 해당 지역의 문화적 특성에 적합한 오리지널 시리즈를 기획할 수 있다. 또한 연령대나 지역 특성에 부합한 광고 메시지를 만들어 맞춤형 광고 캠페인을 진행할 수도 있다.

아마존 프라임 비디오

세계 최대 전자상거래 기업인 아마존은 아마존 프라임 비디오라는 OTT 플랫폼을 운영한다. AI 토픽스(AI Topics) 기능은 시청 패턴 분석으로 관심사에 맞는 콘텐츠 카테고리를 추천한다. 예를 들어, '마음을 사로잡는 SF', '판타지 퀘스트', '스릴 넘치는 캐릭터 여정' 등 AI 생성 레이블에 맞는 영화, TV 프로그램, 라이브 채널을 시청자에게 제안한다. 이는 기존 알고리즘 기반 추천에서 벗어나 끊임없이 새로운 콘텐츠를 발견하게 한다.

엑스레이 리캡스(X-Ray Recaps) 기능은 AI로 콘텐츠의 시즌이나 에피소드의 주요 내용을 요약해 주는 서비스다. AI는 콘텐츠 자막과 영상을 분석해 특정 에피소드나 시즌의 핵심 내용을 빠르게 요약하여 제공한다. AI가 영상물을 분석해 주요 이벤트, 장소, 시간, 대화 등에 대한 설명을 생성하는 과정에서 스포일러가 될 만한 내용

은 제외된다

아마존 퍼스널라이즈(Amazon Personalize) 서비스는 생성형 AI를 활용하여 개인화 추천을 제공하고, 마케팅 이메일이나 콘텐츠 큐레이션을 개선한다. 이는 오래된 콘텐츠를 트렌드에 맞게 재구성해 사용자에게 제공하는 데 도움이 된다. AI를 통한 메타데이터 강화와 콘텐츠 분석은 방대한 콘텐츠 아카이브를 효율적으로 활용하고 사용자 맞춤형 경험을 제공하는 데 중요한 역할을 할 것이다. 즉, AI가 오래된 방송 및 영화 등의 콘텐츠 아카이브를 분석하고 배우, 분위기 등 태그를 자동 지정하면, 기존에 방치되었던 콘텐츠를 새로운 방식으로 활용할 수 있다. 이를 통해 사용자의 취향에 맞춘 맞춤형 추천 시스템을 더욱 정교하게 만들 수 있으며, 트렌드에 맞춰 지난 콘텐츠를 재조명하는 마케팅을 펼칠 수 있다.

AI 기반 인터랙티브 콘텐츠

2019년 에미상 최우수 TV 영화 부문을 수상한 넷플릭스 오리지널 〈블랙 미러: 밴더스내치(Black Mirror: Bandersnatch)〉는 시청자의 선택에 따라 다섯 종류의 결말을 보여 준다. 시청자는 이야기의 순서와 서사 구조를 선택할 수 있고 취향과 선호도에 따라 개별화 경험을 하며 콘텐츠를 소비할 수 있다. 이처럼 이용자가 참여하며 상호 작용하는 콘텐츠를 인터랙티브 콘텐츠(Interactive Contents)라고 한다. 상대적으로 TV나 영화는 시청자가 보고 즐기는 것으로 만족하는 수동적 콘텐츠의 특성이 강하다.

차세대 콘텐츠로 주목받고 있는 AI 기반 인터랙티브 비디오(interactive video)는 비디오 게임과 영화, TV의 경계를 허물며 스토리텔링과 플레이를 융합하는 방식이다. 기존의 비디오 게임은 개발자가 미리 제작한 캐릭터와 배경 등의 게임 자산을 게임 엔진에 로드해 플레이어의 입력에 따라 사전에 정의된 방식으로 반응한다. 반면, AI 기반 인터랙티브 비디오는 미리 만들어진 게임 자산이 필요하지 않고, 텍스트만으로도 실시간으로 장면을 구성할 수 있다. TV나 영화가 지닌 몰입감과 게임의 플레이 요소를 결합해 시청할 수도 있고, 이용자의 선택에 따라 장면이 실시간으로 변화하며, 무한한 스토리를 만들어 낼 수 있다.

Z세대를 중심으로 소비자들의 미디어 소비 방식이 변화하고 있다. 이들은 콘텐츠에 직접 참여할 수 있는 인터랙티브 미디어를 선호하는 경향을 보인다. 그러나 기존의 인터랙티브 콘텐츠는 생산자가 미리 설정해 둔 범위

라는 틀 안에서 경험할 수 있었다. 무엇보다 콘텐츠 제작 비용과 시간이 증가하는 방식이라는 현실적인 문제가 있었다. 그러나 생성형 AI는 이러한 한계를 뛰어넘을 기술로 주목받으며 인터랙티브 미디어의 진화를 기대하게 한다.

생성형 AI 게임 시장과 현황

2024년 생성형 AI 기반의 게임 시장 규모는 세계적으로 11억 3700만 달러(약 1조 6200억 원)이며, 2028년이면 30억 7500만 달러(약 4조 3800억 원)로 세 배 가깝게 커질 전망이다. 2024년부터 2028년 기간에 생성형 AI 게임 시장은 전체 글로벌 게임 시장의 성장세(11.8퍼센트)를 크게 웃도는 연평균 성장률 28.24퍼센트에 달할 거라 기대된다. 실제로 게임 업계는 게임 개발 생산성 향상을 위해 AI를 도입해 기획 단계에서의 창의성 강화 및 인터랙티브 콘텐츠 개발에 활용하고 있다. 게임은 신작을 출시하기까지의 평균 개발 기간이 '19개월 25일'로 제작 시간이 길다. 게임 콘텐츠 제작은 기획 · 개발 · 테스트 · 출시 순서로 진행되며, 기획자, 프로그래머, 그래픽 디자이너 등 여러 업종이 협업한다. 기업은 AI 기반 개발 도구를 출시하거나 상용 모델을 음성 · 그래픽 제작 등에 활용하여 개발 시간 단축 및 비용 절감 효과를 노리고 있다.

넥슨은 '보이스 크리에이터'를 출시해 캐릭터 음성을 만들며 실제 녹음 대비 50분의 1 수준으로 시간을 단축했다. 엔씨소프트는 '제로샷 멀티버스 TTS'를 제작해 약 3초의 음성 데이터로 다양한 스타일의 캐릭터 보이스를 만들었다. 또한 게임 기획에서 세계관과 시나리오 작업을 비롯해 유관 부서 제안용으로 필요한 캐릭터 외형 및 맵 배경 등의 시각화 작업에도 AI를 사용할 수 있다. AI 기반의 NPC(Non-Player Character)는 플레이어의 감정과 행동 패턴을 이해하고 게임 캐릭터와의 실시간 대화도 가능케 한다. 헬로게임즈가 선보인 '노맨즈 스카이(No Man's Sky)'는 AI를 활용한 절차적 생성 기술로 게임 내에서 무작위로 새로운 콘텐츠를 만들어 낸다. 즉 AI가 우주, 행성, 동식물, 생태계까지 무한대에 가까운 우주 환경을 생성하는 시스템을 구현한 것이다. 덕분에 플레이어는 매번 새로운 탐험을 할 수 있다.

MS는 게임 사용자의 행동을 예측하고 반영하는 AI 모델을 공개했다. '뮤즈(Muse)'는 게임 플레이어의 조작에 따라 변화하는 비디오 게임 장면과 컨트롤러 동작을 생성할 수 있는 세계 및 인간 행동 모델(World and

Human Action Model, WHAM)이다. 뮤즈는 게임 사용자의 행동을 예측하고 모방할 수 있어, 게임 개발자가 게임 내에서 사용자가 어떤 행동을 취할지를 미리 파악하고 이를 반영할 수 있도록 돕는다. 이 모델은 MS의 X박스 게임 〈블리딩 에지(Bleeding Edge)〉의 7년 치 게임 플레이 영상을 사용해 훈련했으며 게임 개발자들을 위한 도구로 설계됐다. 현재 뮤즈 모델은 '블리딩 에지'와 유사한 장면을 생성하는 수준이지만, MS는 이 기술이 향후 게임 플레이 구상과 새로운 AI 기반 게임 경험을 창출하는 데 활용될 거라 본다. 향후 사용자의 플레이 스타일에 맞춰 AI가 게임 시나리오, 캐릭터, 배경 등을 생성해주는 방식도 가능해질 것이다.

엔터테인먼트 산업의 창의성 보호 논쟁

영화, 음악, 웹툰 등 엔터테인먼트 산업은 인간의 창의성이라는 본질적인 가치를 보호하며 AI를 도입하는 전략을 설계하는 것이 중요하다.

음악 산업은 AI 작곡 도구를 비롯해 사용자의 취향을 반영한 음악 추천 시스템 등 다방면에 AI를 지속적으로 활용해 왔다. 그러나 AI가 저작권 보호를 받는 음악을 무단 학습해 특정 아티스트의 고유한 목소리와 스타일을 복제하고 모방하는 경우에는 창작자의 정체성을 훼손할 수 있다. 이러한 방식은 AI가 인간 창작자와 직접 경쟁하는 구조를 초래한다.

또한 음악 산업은 대형 스튜디오가 콘텐츠의 저작권을 직접 소유하는 할리우드와 달리, 저작권이 레이블, 아티스트, 프로듀서 등 여러 주체에게 나뉘어 있다. 따라서 AI 모델 학습에 있어 음악 데이터 무단 사용에 관한 법적 분쟁이 빈번할 수 있다. 실제 미국 음반 산업 협회(Recording Industry Association of America, RIAA)는 세계 최대 음반사 유니버설 뮤직 그룹(Universal Music Group, UMG), 소니 뮤직 엔터테인먼트, 워너뮤직 산하 음반 레이블 워너 레코드를 대표하여 AI 스타트업 수노(Suno)와 유디오(Udio)를 상대로 손해배상을 청구하는 소송을 제기했다. RIAA는 AI 기업이 저작권이 있는 음원을 AI 학습에 무단으로 사용했다며 저작권 침해 작품당 최대 15만 달러(약 2억 원)를 요구했다. 그러면서 동의나 대가 없이 아티스트의 작품을 무단으로 복제해 이득을 보았다고 비판했다. 그러나 수노 측은 자사 AI가 기존의 콘텐츠를 복제하는 것이 아니라 완전히 새로운 결과물을 만들도록 설계됐다고 주장했고, 유디오 측은 인터넷에 공개된 데이터를 사용했다고 밝혔다. 두 회사는 소송이 혁신을 저해하는 시도라 반발하며, AI 모델 훈련을 위한 저작권 음원 사용이 미국 저작권법의 '공정 사용(fair use)'에 해당한다는 입장이다. 첨예한 주장이 대립하는 상황이라 향후 법원의 판결에 주목해야 한다.

2023년 미국 작가 조합(Writers Guild of America, 이하 WGA)은 AI가 대본을 작성하거나 수정하지 못하도록 보호 조치를 요구했고, 새로운 계약에서는 AI가 창작자의 '출처(source material)'로 간주되지 않도록 명시했다. 출처로 인정된다는 것은 원천 자료 제공자로서 일정한 크레디트나 보상을 받을 수 있다는 의미인데, WGA는 AI가 그런 권리를 주장하지 못하도록 원천적으로 차단한 것이다. 이를 통해 작가의 창작권과 노동에 대한 정당한 보상을 보호하려는 취지가 담겨 있다. 또한, 미국 배우 노조인 미국 영화 텔레비전 라디오 예술가 연맹(Screen Actors Guild-American Federation of Television and Radio Artists, SAG-AFTRA)은 게임 스튜디오들이 성우와 배우들의 목소리와 외모를 생성형 AI로 복제해 게임 캐릭터를 만들면서도 이에 대한 정당한 보상을 하지 않는다고 주장했다.

이처럼 AI 관련 법적 분쟁과 논쟁이 끊이지 않는 가운데 창의성 보호라는 가치를 보호하며 AI 도입을 시도하는 사례들도 등장하고 있다. 대표적으로 엔터테인먼트 기업 라이온스게이트(Lionsgate)와 동영상 생성형 AI의 선두주자인 AI 스타트업 '런웨이(Runway)'의 협력을 꼽을 수 있다. 라이온스게이트는 세계적인 영화 및 TV 스튜디오와 스타즈(STARZ) 글로벌 프리미엄 구독 플랫폼을 운영하는 엔터테인먼트 기업으로, 2만 편 이상의 작품으로 구성된 방대한 라이브러리와 대표 영화 및 TV 프랜차이즈를 보유하고 있다. 이번 파트너십을 통해 라이언스게이트는 영화 제작자, 감독 및 시나리오 작가, 프로덕션 디자이너, 촬영 감독 등 창의적인 역할을 맡은 크리에이티브 스태프가 작업을 보강하는 데 도움이 되는 새로운 맞춤형 비디오 생성 모델을 개발한다. 즉, AI 비디오 제작 및 편집 모델을 구축하여 영화나 애니메이션 등의 장면을 순차적으로 그림이나 사진으로 구성하는 작업인 스토리보딩(storyboarding)을 비롯해 배경 제작, 특수 효과 등에 AI를 활용할 계획이다. 특히 비용이 많이 들고, 정교하며, 시간이 많이 들고, 위험할 수 있는 액션 타이틀과 장면에 적용할 방침이다.

런웨이는 라이온스게이트의 방대한 라이브러리를 AI 훈련에 사용한다. 크리스토벌 발렌수엘라 런웨이 CEO는 "예술의 역사는 기술의 역사이며, 이러한 새로운 모델들은 예술적 · 창의적 표현을 위한 혁신적인 매체를 구축하려는 우리의 지속적인 노력의 일환"이라 강조했다. 그는 "아티스트, 크리에이터, 그리고 스튜디오가 워크플로(workflow)를 강화하고 새로운 방식으로 이야기를 풀어 갈 수 있도록 가장 강력한 도구를 제공"하고자 한다며 신념을 피력했다. 워크플로란 영화 제작처럼 복잡한 작업이 어떤 순서와 방식으로 진행되는지를 정리한 일종의 작업 흐름이다. 예를 들어, 시나리오 개발, 콘티 제작, 촬영, 편집, 시각효과(VFX), 색 보정, 사운드 디자인 등 각각의 단계가 유기적으로 연결되어 하나의 완성된 작품이 만들어진다. 발렌수엘라의 전망에 따르면, AI 기술은 제작 워크플로의 여러 단계를 더 빠르게 연결하고 자동화할 수 있다. 이로써 AI는 영상 콘텐츠 제작 시 작업 속도를 높이는 동시에 창의적인 결정에 더 많은 시간을 투자할 수 있도록 도와줄 것으로 기대된다.

참고문헌

박찬(2025.2.20). MS, 게임용 AI 모델 공개...xAI도 게임 스튜디오 설립. ≪AI 타임스≫. https://www.aitimes.com/news/articleView.html?idxno=168156

아마존. Amazon Personalize 및 생성형 AI.

https://docs.aws.amazon.com/ko_kr/personalize/latest/dg/personalize-with-gen-ai.html
위은지(2024.3.11). 결말도 원하는 대로, 인터랙티브 콘텐츠의 부상. 미래에셋증권 매거진.
https://magazine.securities.miraeasset.com/contents.php?idx=1180
임다연(2024.6.25). 美 3대 음반사, AI스타트업에 손배소. ≪한국경제≫.
https://www.hankyung.com/article/2024062509211
조광민(2024.10.23). 알게 모르게 게임 속에 들어와 있는 인공지능(AI). ≪게임동아≫.
https://game.donga.com/114330/
KDB미래전략연구소 산업기술리서치센터(2025). 게임 산업 내 생성형 AI 활용 동향.
https://rd.kdb.co.kr/FLMNMN00N01.act#__init
Amazon(2024). Prime Video's new feature uses generative AI to recap what you're watching.
https://www.aboutamazon.com/news/entertainment/amazon-prime-video-x-ray-recaps
August Brown(2024.8.7). The RIAA, villain of the Napster era, turns its sights on AI firms: 'It's a lot more fun now'. *Los Angeles Times.*
https://www.latimes.com/entertainment-arts/music/story/2024-08-07/the-riaa-villain-of-the-napster-era-turns-it-sights-on-ai-firms-its-a-lot-more-fun-now
Janko Roettgers(2024.10.31). Netflix's ambitious AI plans. Lowpass.
https://www.lowpass.cc/p/netflix-ai-platform-genai-llm-hiring

Jonathan Lai(2024.8.28).The Next Generation Pixar: How AI will Merge Film & Games. Andreessen Horowitz. https://a16z.com/the-next-generation-pixar/

Runway(2024.9.18). Runway Partners with Lionsgate. https://runwayml.com/news/runway-partners-with-lionsgate

The Verge(2024). Amazon's Prime Video pushes 'AI Topics' instead of the old algorithms. https://www.theverge.com/2024/12/12/24319824/amazon-prime-video-ai-topics-old-algorithms

Virginie Berger(2024.11.30). Why Hollywood And The Music Industry Take Different Approaches To AI. *Forbes.* https://www.forbes.com/sites/virginieberger/2024/11/30/why-hollywood-and-the-music-industry-take-different-approaches-to-ai/

04
AI 메타버스와 생성형 가상 세계

코로나19 시기, 비대면 디지털화 흐름 속에서 주목받은 메타버스는 플랫폼 중심으로 구축되었으나 초기 사업화에는 실패했다. 그러나 AI 기술은 메타버스의 본질을 재조명하며, 이제야 비로소 메타버스의 실체를 구현할 수 있을 거라는 기대를 낳고 있다. 생성형 AI와 월드 모델의 결합은 비디오 게임 형태의 생성형 가상 세계를 실현하며, 차세대 메타버스의 진화를 상상하게 만든다.

AI와 사주?

메타버스, 인류의 근원적 열망

메타버스라는 용어는 1992년 미국 작가 닐 스티븐슨(Neal Stephenson)이 발표한 SF 소설 『스노 크래시(Snow Crash)』라는 소설에서 등장했다. 주인공 히로 프로타고니스트(Hiro Protagonist)는 흑인 아버지와 한국인 어머니 사이에서 태어난 인물로, 천재 해커이자 파트타임 피자 배달부다. 그는 가상의 신체인 아바타(Avatar)를 빌려 메타버스라는 가상 세계에 들어가 활동하며 사건을 해결한다.

메타버스는 '초월하는'을 뜻하는 '메타(Meta)'와 '세계'를 의미하는 '버스(Verse)'의 합성어로, 국립국어원은 메타버스 대신 '확장 가상 세계'나 '가상 융합 세계'라는 우리말 순화어 사용을 제안했다. 메타버스는 가상과 현실을 연결하는 패러다임으로 '세계'를 품는다. 나아가 메타버스는 가상 공간에서 사람들이 상호 작용하고, 경제 활동을 하며, 현실과 디지털 환경이 이어지는 확장된 디지털 생태계를 의미한다. 메타버스는 종종 가상 현실(VR)이나 증강 현실(AR)과 같은 기술과 혼동되지만, 특정 기술에 국한되지 않는 광범위한 개념이다.

그러나 여전히 메타버스에 관해서는 다양한 정의가 공존하며 완성된 메타버스로는 아직 도달하지 못했다는 견해도 존재한다.

필자는 애초에 메타버스를 플랫폼 중심의 메타버스로 한정해 이해하지 않았다. 머리에 쓰는 형태의 디스플레이 기기인 HMD(Head Mounted Display)를 끼고 애니메이션 캐릭터 형태의 아바타로 가상 세계에 입장하는 것만이 메타버스의 전부는 아니다. 메타버스는 예술적 상상력을 자극하며 콘텐츠와 밀접한 관계를 지니는 용어다. 인류는 현실을 뛰어넘는 세계를 상상하고 창조하는 시도를 꾸준히 이어 왔다. 역사를 살펴보면 메타버스의 단초가 되는 인류의 근원적 열망의 자취를 발견할 수 있다. 선사시대 알타미라 동굴과 라스코 동굴의 벽화에도 인류의 상상이 반영되어 있다. 20세기 초 프랑스에서 연출가, 배우, 극작가, 시인, 화가 등 다방면으로 활약했던 앙토냉 아르토(Antonin Artaud, 1896~1948)는 저서 『연극과 그 이중』에서 관객이 몰입할 수 있는 어두컴컴한 극장을 '가상 현실'이라 묘사했다. 메타버스의 핵심 기술인 VR과 AR 등의 발전 과정을 살펴보아도 머리에 쓰는 헤드셋이나 스마트 안경과 같은 기기 개념을 뛰어넘어 세계를 인식하는 철학을 품고 있다.

VR의 개념도 역사를 거슬러 올라가면 콘텐츠와 밀접한 관련성을 지닌다. 1935년 스탠리 G. 와인바움(Stanley G.

Weinbaum)의 소설 『피그말리온의 안경(Pygmalion's Spectacles)』에서 주인공은 방에서 한 박사가 개발한 안경을 쓰게 된다. 그러자 현실 공간과 다른 아름다운 자연의 낙원이 나타난다. 이때 특수 안경이 시각적 효과뿐 아니라 촉각, 청각, 후각 등 다중 감각을 자극하며 몰입형 경험을 제공한다. 이 소설은 VR 기술이 등장하기 전에 상상력을 통해 그 가능성을 예견한 작품이다.

이후 1968년 미국의 컴퓨터과학자 아이번 서덜랜드(Ivan Sutherland)가 HMD 형태의 최초의 VR 시스템인 VR 기기를 공동 개발했다. 서덜랜드는 1962년 최초의 컴퓨터 드로잉 프로그램 '스케치패드(Sketchpad)'를 만든 인물로 대화형 컴퓨터그래픽(Interactive computer graphics)의 개척자다. 에드 캣멀(Ed Catmull) 픽사 애니메이션 스튜디오의 공동설립자이자 월트 디즈니 애니메이션 스튜디오 전 사장은 유타대학 대학원에서 만난 서덜랜드 교수의 영향을 깊이 받았다고 한다. 그는 예술과 기술을 접목해 컴퓨터로 이미지를 구현하는 컴퓨터그래픽 기술을 개발했다. 서덜랜드는 1965년 논문 "궁극의 디스플레이(The Ultimate Display)"에서 VR과 AR의 개념을 예견했다. 그는 컴퓨터가 물질의 존재를 제어할 수 있는 방을 상상하며, 그러한 방에 표시된 의자는 앉을 수 있을 만큼 좋을 것이며, 수갑은 구속력이 있을 것이고, 총알은 치명적일 것이라 보았다. 이를 구현한 디스플레이는 우리에게 "앨리스가 걸어 들어간 이상한 나라와 같은 경험이 될 것(be the Wonderland into which Alice walked)"이라고 예측했다(Sutherland, 1965). 『앨리스의 이상한 나라』에 VR을 빗댄 표현이 참으로 절묘하다. 나아가 VR 콘텐츠는 현실을 그대로 모방하는 차원이 아니라 새로운 경험을 줄 수 있는 세계를 구현해야 한다는 점을 시사한다.

컴퓨터과학자이자 철학자, 음악가, 작가인 재런 러니어(Jaron Lanier)는 1980년대 중반 VPL 리서치(VPL Research)라는 회사를 설립하여 VR 기술 개발을 선노하고 VR 개념의 대중화에 힘썼다. 그는 논문과 강연에서 가상 현실의 기술적 가능성, 철학적 의의, 사회적 영향을 다루었다. 2017년 저서 『가상 현실의 탄생(Dawn of the New Everything)』에서 러니어는 VR을 "사용자가 몰입 경험을 느낄 수 있도록 인공적인 환경을 조성하는 기술"로 설명했다. 이 환경은 헤드셋, 데이터 글로브, 데이터 슈트 등 인터페이스 장치를 통해 시각, 청각, 촉각을 포함한 다양한 감각을 자극하는 방식으로 구현된다. 그는 VR을 인간 경험과 인식을 근본적으로 바꿀 수 있는 기술로 보았으며, 단순히 현실을 모방하는 도구가 아니라 현실을 확장하고 새로운 경험을 창출하는 매체로 해석했다. VR은 사용자가 현실에서 불가능한 방식으로 환경을 탐색하거나 창작하는 경험을 가능하게 하며, 이를 통해 "우리가 누구인가?"라는 철학적 질문을 탐구할 수 있도록 한다. 그러나 러니어는 VR이 지나치게 몰입적일 경우 사용자가 현실과 가상을 혼동할 위험이 있다고 경고했다. 기술 발전은 반드시 윤리적이고 인간성을 증진하며 인간 중심적인 방향으로 이루어져야 한다는 그의 견해에 공감한다.

메타버스의 핵심 기술인 AR 역시 '디지털과 현실 세계의 경계를 허무는 매체'로서의 가능성을 증명해 왔다. 세계가 코로나19로 몸살을 앓던 팬데믹 시기인 2020년, 현대 미술가 올라푸르 엘리아손(Olafur Eliasson)은 어큐트 아트(Acute Art)와 협업해 최초의 AR 작품 〈분더카머(Wunderkammer)〉를 선보였다. 2017년 설립된 어큐트 아트는 스마트폰 앱을 통해 예술을 경험할 수 있게 해 주는 AR · VR 플랫폼이다. 이 기업은 저명한 예술가인 마리나 아브라모비치(Marina Abramović), 안토니 곰리(Antony Gormley), 아니시 카푸어(Anish Kapoor), 제프 쿤스(Jeff Koons), 카우스(KAWS) 등과 협업해 혁신

기술 기반 예술 작품들을 선보였다. 호기심의 방을 의미하는 〈분더카머〉는 과거 유럽의 귀족과 학자들이 진귀한 물건을 모아 진열한 컬렉션인 '분더카머(Wunderkammer)'에서 유래했다. 어큐트 아트 앱에 접속해 태양, 무지개, 돌, 구름 등 원하는 아트워크를 클릭하고 위치를 지정하면 현실의 공간에 올라푸르 엘리아손의 작품이 겹쳐 보인다. 작가는 AR을 통해 일상의 사물과 자연을 새로운 시각으로 바라보게 했다. 그는 객관적으로 존재한다고 생각하는 외부 세계가 인식이나 감각을 통해 구축된 거라 생각한다. 엘리아손에게 현실은 상대적인 개념이다. 이러한 철학을 투영해 AR 기술과 융합한 예술 작품은 물질세계와 디지털 세계를 구분하는 인간의 지각에 질문을 던진다. AR을 향한 작가의 시각은 일상으로 인식한 현실의 시공간을 낯설게 만들고 새롭게 바라보게 해 준다.

AI와 만난 메타버스

코로나19로 비대면 디지털화 추세가 가속화되며 부상한 메타버스는 철학과 상상이 부재한 상태로 급속하게 사업화를 시도했다. 그러나 팬데믹 이후 사람들은 굳이 메타버스 플랫폼을 찾지 않았고 시장의 열기는 차갑게 식어 버렸다. 메타버스를 어떻게 이해하느냐에 따라 진정한 메타버스는 아직 제대로 시작하지도 못한 거라 볼 수도 있다. 그러나 초기 플랫폼 중심의 메타버스는 매력적인 콘텐츠 부재와 이용자 유입 부진 및 수익성 확보의 어려움 등으로 시장이 저물었다. 한편으로는 메타버스를 둘러싼 브랜딩의 실패라고도 볼 수 있다.

하지만 아직 메타버스의 불씨는 꺼지지 않았다. 특히 AI의 부상으로 디지털 전환이 가속화되며 메타버스가 부활하고 있다는 뉴스가 심심찮게 들려온다. AI와 만난 메타버스는 플랫폼 중심의 메타버스에서 스포츠, 교육, 의료 등 다방면의 영역으로 확장해 그 활용도를 높일 수 있다. 메타, 구글, 삼성전자 등에서 AI와 XR을 결합한 차세대 스마트 안경도 속속들이 출시하고 있다. 이러한 기기는 새로운 콘텐츠의 미래를 상상하게 한다.

사우디아라비아의 블록체인 스포츠 XR(Blockchain Sports XR)은 VR 기술과 스마트 슈트를 활용한 축구 게임 솔루션 〈인피니티 풋볼 XR(Infinity Football XR)〉을 개발했다. 이 플랫폼의 게임 환경에서는 상대와 충돌하거나 골을 넣을 때 시청각은 물론 촉각적인 상호 작용까지 경험할 수 있다. VR 헤드셋과 인피니티 슈트(Infinity Suit)를 착용하면 메타버스에서도 실제 축구 경기를 할 때와 같이 생생한 감각을 느낄 수 있다. 인피니트 슈트는 스마트 웨어러블 장치이자 햅틱 슈트(haptic Suit)다. 햅틱 슈트는 촉각을 전달해 주는 장치로, 가상 환경에서의 접촉이나 충격을 몸으로 느낄 수 있게 해 준다. 이 슈트를 입고서 AI와 함께 훈련 모드에서 혼자 플레이할 수도 있고, 멀티플레이 모드에서 다른 플레이어나 팀과 경쟁할 수도 있다.

캐나다 기업 해플리로보틱스(Haply Robotics)는 메타버스 세상의 몰입도를 높이는 휴대용 햅틱 장치 '민버스(MinVerse)'를 개발했다. 민버스는 가상 현실에서 물체를 만질 때 표면의 질감, 무게, 저항감 등을 사용자에게 전달한다. 이는 메타버스 XR 세계에서 촉각 경험을 향상시켜 현실감 있는 경험을 선서한다.

라스베이거스 스피어(Sphere)는 세계 최대 규모 구형 공연장으로, 초고해상도 영상과 최첨단 사운드를 중심으로 몰입형 디지털 경험을 제공하는 엔터테인먼트 시설이다. 스피어는 디지털 몰입 경험을 물리 공간에서 구현한다는 점에서 기존의 메타버스 개념과 다르다. 기존의 메타버스는 개인이 착용하는 디바이스를 통해 개별적으로 가상 세계를 경험하거나, 웹을 통해 아바타로 입장하여 상호 작용하는 방식이 중심이었다. 반면, 스피어는 고해상도 16K LED 스크린과 16만 개 이상의 스피커를 활용한 몰입형 콘텐츠를 통해 수천 명의 관객이 동시에 동일한 디지털 경험을 공유할 수 있도록 설계된 공간이다. 이러한 방식은 향후 가상 세계와 현실을 결합한 공연, 게임, 전시 등 다양한 콘텐츠 분야로 확장될 가능성이 높다. 또한 AI와 센서를 활용한 인터랙티브 콘텐츠 도입 가능성도 논의되고 있다. 스피어는 몰입형 엔터테인먼트의 새로운 패러다임을 제시하는 공간으로 진화하고 있다.

메타버스의 실질적 활용

기업의 디지털 전환은 메타버스, AI, 클라우드 등 다양한 기술을 기반으로 가속화되고 있다. 그러하기에 지금 시점에서는 메타버스라는 용어의 모호한 개념에 얽매이거나 논쟁하기보다, 실용적이고 수익성 있는 모델을 찾는 편이 한층 중요하다. 메타버스는 특정 기술을 지칭하는 것이 아니라, 기술적 · 사회적 패러다임이며 산업과 기술의 발전에 따라 계속 진화하는 개념이다. 앞으로도 기업들은 메타버스의 속성을 포함한 기술을 보다 실질적이고 유용한 방식으로 활용해 나갈 것이다.

AI 생성형 가상 세계

2023년은 생성형 이미지, 2024년이 생성형 비디오의 해였다. 2025년은 비디오 게임 형태의 생성형 가상 세계를 눈여겨볼 필요가 있다. 특히 생성형 가상 놀이 공간(Generative Virtual Playgrounds)을 주목해야 한다. 이를 가능케 하는 '월드 모델(World Model)'은 물리적 세계의 디지털 표현을 만드는 기술이다. 월드 모델은 영화, 게임, 메타버스 플랫폼 등 콘텐츠 분야에서 세계관을 표현하는 고품질 3D 영상 생성에 활용할 수 있다. 놀라운 점은 2D 이미지의 3D 영상 전환뿐 아니라 생성된 3D 모델로 사용자와 상호 작용이 가능하다는 것이다. 실제 현실 세계는 물리 법칙이 작용하는데 이런 속성을 반영한 디지털 세계를 만들 수 있게 되었다. 생성형 AI와 월드 모델의 결합은 AI의 창의적 잠재력을 확장할 수 있다.

월드모델과 관련하여 기억할 만한 기업이 있다. 바로 이미지넷(ImageNet)을 구축한 컴퓨터 비전 분야의 선구자 페이페이 리(Fei-Fei Li) 스탠퍼드대 교수가 2023년 공동 창업한 AI 스타트업 월드 랩스(World Labs)다. 월드랩스는 2023년 7월에는 앤드리슨 호로비츠와 래디컬 벤처스 등으로부터 1억 달러(약 1300억 원)의 투자를 유치하였고, 10월에는 총 2억 3000만 달러(약 3000억 원)

의 투자 유치에 성공했다. 이로써 기업 가치가 10억 달러를 넘는 유니콘이 되었다. 월드랩스의 대표 기술은 '대형 세계 모델(Large World Models, 이하 LWM)'이다. LWM은 현실 세계를 이해하고 판단하는 공간 지능(spatial intelligence)을 목표로 한다. 월드랩스의 AI 시스템은 단일 이미지만으로도 상호 작용 가능한 3D 세계를 생성할 수 있다. 즉, 한 장의 이미지로도 인터랙티브 3D 월드를 생성해 즉시 플레이 가능한 환경으로 변환할 수 있다. 이 기술은 게임 디자인과 영화 등 콘텐츠 산업을 비롯해 다양한 분야에 적용 가능하다.

구글 딥마인드(Google DeepMind)가 공개한 '지니 2(Genie 2)'는 이미지를 3D 세계로 확장할 수 있는 AI 모델이다. 이제 이미지와 텍스트 설명만으로 10~20초 동안 유지되는 3D 가상 세계를 만들 수 있다. 또한 사용자는 키보드와 마우스를 통해 3D 환경을 탐색하거나 객체와 상호 작용할 수 있다. 이러한 3D 세계는 생동감 있는 애니메이션, 사실적인 조명 효과 등을 구현할 수 있어 콘텐츠의 몰입감을 높일 것으로 기대된다.

참고문헌

안선주(2022.12.23). 안선주 소장의 메타버스 로드맵 짚어보기.

≪Korea Forbes≫.
https://jmagazine.joins.com/forbes/view/337236.
ACUTE ART. Olafur Eliasson.
https://www.acuteart.com/discover/olafur-eliasson
CES. Infinity Football XR.
https://www.ces.tech/ces-innovation-awards/2025/infinity-football-xr/
Chalmers, David J.(2022). *Reality+: Virtual worlds and the problems of philosophy*. New York: W. W. Norton & Company. 서종민 옮김(2023). 『리얼리티+철학은 어떻게 현실을 정의하는가』. 상상스퀘어.
Haply Robotics. MinVerse. https://ko.haply.co/minverse
Reuters(2024.11.2).Exclusive: Walt Disney forms business unit to coordinate use of AI, augmented reality.
https://www.reuters.com/technology/artificial-intelligence/walt-disney-forms-business-unit-coordinate-use-ai-augmented-reality-2024-11-01/

05
초개인화 AI 브랜딩과 마케팅

디지털 기술의 발전은 소비자와 브랜드의 관계를 근본적으로 바꾸어 놓았다. 이제 고객은 단지 좋은 제품이나 서비스를 넘어, 자신만을 위한 정교한 경험을 기대한다. 초개인화 시대의 AI는 방대한 데이터를 기반으로 개인의 취향과 감정에 맞춘 콘텐츠를 실시간으로 제안하며, 브랜드와 소비자 사이에 새로운 감성적 연결을 만들어 가고 있다. 그러나 AI는 마케팅의 효율을 높이는 도구일 뿐, 브랜드 철학과 감성을 섬세하게 설계하는 일은 여전히 인간의 몫이다.

AI와 아이돌?

AI 브랜딩과 마케팅의 가능성

미국마케팅협회(American Marketing Association, AMA) '명예의 전당'에 오른 세계적인 마케팅 전략가 세스 고딘(Seth Godin)은 "효과적인 마케팅은 고객의 세계관과 욕망을 먼저 이해하고 공감을 얻으려 노력한다"라고 말하며 단순한 판매 전략으로서의 마케팅 시대가 저물었다고 보았다. 고딘에게 마케팅이란 누구를 도울지에 관한 질문으로 시작하여 문화를 창출하고 변화를 일으키는 행위다. 심지어 그는 우리 모두가 자신의 인생의 마케터라고 바라본다. 마케팅을 통해 들려주는 이야기는 고객의 공감을 불러일으켜야 하고 그들이 듣고 싶은 것이어야 한다. 또한 고딘은 '보랏빛 소(Pupple Cow)'처럼 주목할 만한 가치가 있고, 예외적이고, 새롭고, 흥미진진한 제품이나 서비스를 창조해야 한다고 말하며 이를 '리마커블(remarkable)'이라 표현했다. '리마커블 마케팅'은 사람들이 이야기할 만한 가치가 있으며 그 자체로 주목할 만한 제품이나 서비스를 만들어 내는 기술이다. 고딘은 리마커블한 제품을 창조하고 이를 열망하는 소수의 고객에 집중하라고 제안한다. 이는 거대 집단인 대중을 공략하기보다 개인의 취향을 고려해 충성 고객을 만들어야 한다는 입장이다.

세스 고딘이 말한 보랏빛 소는 마치 초현실주의 화가가 그린 예술 작품처럼 사람들의 뇌리에 쉬이 지워지지 않는 인상을 남기고 신선한 영감을 준다. 이 대목에서 왜 필자가 AI를 비롯한 신기술이 예술, 경영, 경제 등에 접목되었을 때 매료되었는지를 깨닫게 되었다. 이전에 보지 못했던, 혹은 보았으나 뚜렷하게 인상에 남지 않았던 브랜드가 새롭고 흥미진진한 보랏빛 소로 변화하는 듯했기 때문이다. 대체 불가능한 작품을 만든 예술가들의 놀라운 작품을 마주하며 탄성이 터져 나올 때와 유사한 느낌이었다. 광고와 예술, 콘텐츠의 경계가 흐릿해지는 지점에서 AI를 활용해 새로운 브랜딩과 마케팅의 가능성을 발견할 수 있을 거란 생각이 들었다.

실제로 AI는 이전에 맛본 적 없는 새로운 배스킨라빈스 아이스크림을 만들고, 서기 3000년 미래의 코카콜라의 맛을 제조해 특별한 경험을 전해 주고 있다. 외식·식음료 기업 SPC 배스킨라빈스는 딥러닝 기반 AI 제품 개발(New Product Development, NPD) 시스템을 도입해 AI로 계절별 트렌드와 소비자 선호도를 반영한 신제품 아이스크림을 선보였다. 코카콜라는 소비자의 맛 선호도 수집과 트렌드 분석을 기반으로 AI 기술을 활용해 새로운 맛을 조합했고, AI가 생성한 미래적 이미지를 디자인에 입혀 한정판 신제품을 출시했다. 나이키(Nike)는 운동선수 열세 명의 데이터를 기반으로 AI를 활용해 각 선수의 신체 조건과 정체성을 반영한 맞춤형 신발 '에어(Athletic Imagined Revolution, A.I.R)' 컬렉션을 디자인했고, 파리 쇼케이스에서 공개했다. AI로 단순히 기능성을 넘어 한 사람의 정체성을 반영한 신발을 디자인한 것이다.

브랜드는 정체성을 표현하는 매체로 진화했으며, 고객은 자신의 가치관과 성향, 취향을 반영하는 제품을 구매한다. 사람들의 정체성은 나이, 성별, 국가, 지역, 교육 수준, 성장 환경 등의 영향을 받아 다채롭다. AI는 이러한 개별 소비자의 심리, 관심, 취향, 행동 패턴, 구매 이력 등이 담긴 데이터를 분석해서 브랜드의 고객층을 예측하고 신규 고객을 발굴하는 데에도 도움을 줄 수 있다. AI는 예술과 콘텐츠의 경계를 실험하며 브랜딩 및 마케팅 분야에서 창의성의 새로운 지평을 열고 있다. 이미 유수의 기업과 브랜드는 AI를 도입해 비즈니스 영역에서 보랏빛 소를 창조하는 실험을 이어 가고 있다.

로레알의 AI 초개인화 전략

로레알(L'Oreal)은 매년 60억 개의 제품을 판매하는 글로벌 1위 뷰티 기업이다. 로레알이 성장 동력으로 지속적인 투자와 시도를 감행하고 있는 분야가 뷰티테크(Beauty+Technology)다. 글로벌 시장조사기관 더비즈니스리서치컴퍼니(The Business Research Company) 보고서에 따르면 글로벌 뷰티테크 시장 규모는 2023년 기준 591억 4000만 달러(약 82조 원)로 집계됐다. 연평균 14퍼센트씩 성장해 2028년에는 1161억 7000만 달러(약 161조 원) 규모로 커질 전망이다. 특히 AI 기술과 뷰티를 결합한 뷰티테크가 부상하고 있다. 뷰티 산업은 연령, 인종, 성별, 체형, 피부 등 다양한 조건과 요소를 지닌 개인의 상태를 고려하여 아름다움에 대한 욕구를 충족하는 것이 중요하다. 이러한 면에서 AI는 초개인화 서비스에 적합하다. AI로 개인의 상황, 취향, 선호 등에 맞는 제품 또는 그 효과를 극대화하는 방법에 대해 진단, 제안, 제조할 수 있기 때문이다. 실제 로레알은 크게 네 가지 양상으로 AI 기술을 뷰티 산업에 도입하고 있다.

첫째, AI 개인화 솔루션 서비스다. 스킨 지니어스(Skin Genius)는 스마트폰 카메라로 촬영한 피부를 AI가 분석해 최적의 스킨케어 제품과 피부 관리 방법을 추천하는 서비스다. AI가 주름, 밝기, 모공, 민감도 등을 세세히 분석한다. 소비자는 과학적인 개인화 피부 관리를 경험할 수 있다. AI 기반 맞춤형 피부 분석 기기 셀 바이오프린트(Cell BioPrint)는 개인의 피부 상태를 디지털 공간에서 재현한다. 미래의 피부 변화를 예측하고 맞춤형 스킨케어 방법도 제공한다.

둘째, AI 개인 맞춤형 화장품 제조 서비스다. 페르소(Perso)는 로레알이 개발한 AI 기반 스마트 뷰티 기기다. 페르소는 피부 상태, 선호도, 날씨와 공기질 같은 환경 요소를 고려해 맞춤형 보습제, 아이크림, 파운데이션 등을 만들어 제공한다. 입생로랑 루즈 쉬르 메쥬르(YSL Rouge Sur Mesure)는 AI 기반 맞춤형 립 컬러 제조 기술로 수천 가지 립 컬러를 조합해 자신만의 립스틱을 만들 수 있다.

셋째, AI와 증강 현실 기반 가상 메이크업 테스트 서비스다. 로레알은 AI 기반 가상 시용(Virtual Try-On) 기술을 보유한 모디페이스(Modiface)를 인수했다. 모디페이스 AI는 얼굴을 3D로 분석하고, 각 개인에게 최적화된 기초 및 색조 화장품, 헤어 컬러 등을 추천한다.

넷째, AI 기반 콘텐츠 제작이다. 로레알은 생성형 AI 뷰티 콘텐츠 랩인 크리에이테크(CREAITECH)를 설립했다. 인간 마케터와 생성형 AI가 협업하는 크리에이테크는 로레알의 37개 뷰티 브랜드 전반에 걸쳐 브랜드 방향성에 부합한 매력적인 콘텐츠를 신속하게 제작하는 기술을 제공한다. 또 이 랩은 메타(Meta)와 30인의 영향력 있는 콘텐츠 크리에이터들과 협력해 3D, AR, AI 분야에서 창의성의 경계를 확장해 나가고 있다.

코카콜라의 AI 콘텐츠 전략

가 보지 않은 길을 먼저 가다 보면 새로운 성과를 얻을 수도 있지만 시행착오를 맞닥뜨릴 수도 있다. 따라서 세계적인 기업이 AI를 다방면으로 활용해 온 여정을 되짚어 보는 작업은 중요하다. 이는 가까운 시일에 구체적인 AI 도입 방안을 고민하는 이들에게 새로운 영감과 교훈을 전해 줄 거라 판단한다. AI를 선제적으로 도입한 기업 사례 중 코카콜라 역시 시사하는 바가 크다. 코카콜라의 AI 활용 방안은 크게 네 가지로 추릴 수 있다.

첫째, AI 데이터 기반 맞춤형 광고 제작이다. 2025년 4월 기준 코카콜라의 페이스북 팔로워는 약 1억 890만 명, 인스타그램 팔로워는 약 317만 명이다. 코카콜라는 지난 2020년 소셜미디어에 게시된 코카콜라 병뚜껑 번호, 페트병 사진 등의 제품 이미지를 AI 이미지 인식 기술로 자동 수집 및 분석하는 시도를 했다. 이를 통해 특정 지역에서 잘 팔리는 제품 정보를 파악하고, 소비자 행동 데이터를 효율적으로 수집했으며, 맞춤형 인터넷 광고를 제작했다. 당시 기존 대비 네 배 높은 클릭률을 기록하며 성공적인 성과를 기록했다.

둘째, AI 디지털 콘텐츠 제작을 통한 소비자 경험 강화다. 2023년 코카콜라는 '크리에이트 리얼 매직(Create Real Magic)' 캠페인을 통해 오픈AI의 GPT-4와 DALL · E 기술을 활용한 공모전을 개최했다. '크리에이트 리얼 매직'은 오픈AI와 글로벌 컨설팅사 베인앤드컴퍼니가 코카콜라를 위해 독점 개발했으며 GPT-4와 DALL · E의 기능을 결합한 최초의 플랫폼이다. 이 캠페인은 '일상을 비범하게 만드는 예상치 못한 연결의 순간(magic lives in unexpected moments of connection that elevate the everyday into the extraordinary)'이라는 코카콜라의 브랜드 철학인 '리얼 매직'을 반영했다. 미국, 호주, 유럽 일부 국가 등의 전 세계 디지털 크리에이터들은 웹사이트에 접속해 코카콜라의 상징적인 브랜드 이미지로 독창적인 작품을 만들었다.

코카콜라 캠페인의 참여자들은 코카콜라 특유의 병 디자인을 비롯해 필기체 로고 등 수십 가지 브랜드 이미지를 활용해 독창적인 AI 디지털 아트 콘텐츠를 창작했다. 그 결과 놀랍게도 전 세계에서 12만 개에 달하는 코카콜라 디지털 아트 콘텐츠가 생성되었다. 코카콜라는 30명의 크리에이터를 최종 선발하여 우수작을 뉴욕 타임스퀘어와 런던 피커딜리서커스의 코카콜라 디지털 광고판에 전시하는 기회도 선사했다. 그리고 이들을 미국 애틀랜타에 위치한 코카콜라 본사에서 오픈AI와 함께 주최하는 '리얼 매직 크리에이티브 아카데미(Real Magic Creative Academy)'에 초청했다. 3일간의 워크숍에서 크리에이터들은 코카콜라 글로벌 디자인 및 크리에이티브팀과 오픈AI가 협업하는 경험을 누렸다. 이들은 향후 코카콜라 라이선스 상품, 디지털 컬렉터블 등의 콘텐츠를 공동제작하고 이에 관한 보상도 받게 된다.

셋째, AI 기반 고객 행동 분석 및 맞춤형 서비스 제공이다. 코카콜라는 2017년에 미국과 뉴질랜드 등에 AI 기반 스마트 자판기를 설치했다. 소비자는 스마트폰을 사용해 카드나 현금 결제 없이도 음료를 미리 주문하고 인근 지정 자판기에서 해당 상품을 받을 수 있다. 다른 나라에 있는 지인에게 음료를 선물할 수 있는 원격 주문도 가능하다. 자판기에 탑재된 AI 알고리즘은 소비자의 구매 패턴과 선호도를 분석하여, 특정 지역이나 시간대에 인기 있는 제품을 파악하고, 이에 따라 제품 구성을 최적화할 수 있다. 코카콜라는 이러한 시도를 2024년에도 이어가, 시드니 공항 T2 국내선 터미널에서 AI 스마트 쿨러 코크앤고(Coke&Go)를 시범 운영 했다. 고객은 큐알 코드나 신용카드로 코카콜라 제품이 들어 있는 냉장고 문을 열 수 있다. 이미지 인식 기술이 제품을 자동으로 인식하여 연결된 결제 수단으로 간편하게 계산할 수 있다.

넷째, 생성형 AI 활용 캠페인 광고 영상 제작이다. 하나는 대중의 호평을 받았고 비교적 최근의 사례에서는 반감을 샀다.

먼저 생성형 AI를 활용한 광고로 대중의 호평을 받은 작품은 2023년의 '마스터피스(Masterpiece)' 캠페인이다. 마스터피스 캠페인 영상은 2분 분량으로 코카콜라 공식 유튜브 채널에 공개되었다. 당시 뭉크, 고흐, 앤디 워홀 등 세계적인 예술가들의 명작과 코카콜라가 만나 벌어지는 흥미로운 스토리를 담고 있어 화제를 모았다. 이 영상은 생성형 AI뿐 아니라 애니메이션, 모션그래픽 등의 별도 디지털 기술을 총체적으로 사용한 결과물이다. 반면 2024년 생성형 AI를 적극 활용해 논란을 일으킨 코카콜라 광고는 1995년에 공개된 코카콜라의 상징적 광고를 오마주해 AI로 재현한 영상 〈더 홀리데이 매직 이즈 커밍(The Holiday Magic is coming)〉이다. 영상에는 겨울의 크리스마스를 배경으로 순록과 사슴, 코카콜라 트럭, 강아지, 크리스마스트리, 어린이 등이 등장한다. 영상 제작에는 시크릿 레벨(Secret Level), 실버사이드 AI(Silverside AI), 와일드카드(Wild Card)까지 총 세 곳의 전문 AI 스튜디오가 투입되었다. 이들이 사용한 AI 프로그램은 레오나르도(Leonardo), 루마(Luma), 런웨이(Runway), 클링(Kling) 등 네 개이며 영상뿐 아니라 텍스트, 이미지, 음성 등 전부 100퍼센트 생성형 AI를 사용해 2개월 만에 광고를 제작했다. 코카콜라 유튜브 채널에서 해당 영상을 언뜻 보면 크게 문제가 될 만한 요소가 도드라지진 않는다. 그러나 100퍼센트 AI 제작 광고란 점은 대중의 본능적인 거부감을 자극했다. 하지만 단순히 AI를 사용했다고 해서 즉각적인 거부감이 일었다기보다 그 이유를 보다 면밀히 파악할 필요가 있다.

우선 영상이 담고 있는 핵심 주제와 이를 구현하는 기술의 상징적 의미가 불일치했다. 코카콜라의 크리스마스 시즌 영상이 담고자 한 주요 내용은 30년 전의 원작도 그러했고 이번에도 유사하게 '크리스마스가 자아내는 인간적인 정서'다. 사람들은 크리스마스 시즌에 가족, 사랑 등의 가치를 상기하고 따뜻한 연말을 보내고 싶어 한다. 그간 코카콜라의 광고는 크리스마스의 설렘과 기쁨을 잘 담아내면서 단순한 브랜드 광고를 넘어 사람들의 추억에 자리 잡은 문화적 아이콘이 되었다. 그런데 영상이 표현하는 핵심 주제와 정서가 인공성을 대변하는 듯한 AI 기술을 전적으로 사용해 구현했다는 점이 시청자에게 불편함을 안겼다. 심지어 AI로 재현한 결과물이 자연스럽지 않아 작품의 진정성을 떨어뜨렸다는 비판을 받았다. 개중에는 AI가 인간의 일자리를 대체하고 있다는 불안감을 투영해 생성형 AI를 100퍼센트 적용한 지점을 비난했다. 이처럼 코카콜라의 생성형 AI 광고 캠페인 사례는 향후 AI 기술을 브랜딩과 마케팅 분야에 도입할 기업들이 곱씹을 만한 유익한 교훈을 준다.

AI 콘텐츠의 불쾌한 골짜기

1970년 일본의 로봇 공학자 모리 마사히로(森政弘)는 저서 『불쾌한 골짜기』에서 '불쾌한 골짜기(uncanny valley)' 이론을 설명했다. 인간을 흉내 내는 기술이 완벽하지 않을 때 사람들은 심리적인 거부감을 느낀다. 모리에 의하면, 로봇이 인간과 어설프게 닮으면 대중의 호감도가 급격하게 떨어진다. 인간의 행동과 외모를 모방한 휴머노이드 로봇은 처음에는 그 형상에서 친숙함을 줄 수 있다. 그러나 로봇을 인간의 형상과 점점 유사하게 만든다 한들 진짜 사람이 아닌 이상 어색한 지점이 생길 수밖에 없다. 어디서 본 것처럼 익숙하면서도 낯선 로봇은 불쾌한 감정을 자극한다. 모리 이전에 지그문트 프로이트(Sigmund Freud)가 언캐니(uncanny)의 의미에 대해 언급한 바 있다. 프로이트는 언캐니가 독일어로 '운하임리히(umheimlich)'라며 이는 불안하게 하는 이상함을 뜻한다고 표현했다. 불쾌한 골짜기는 비단 로봇뿐 아니라 인간의 친밀감을 높이기 위해 설계된 존재가 일정 수준 이상으로 인간을 닮을 때 느끼는 불편함을 설명할 때도 적용 가능한 이론이다. 생성형 AI가 만든 캐릭터나 영상이 인간과 매우 유사하게 표현될 때, 자연스럽고 매력적으로 느낄 수도 있다. 그러나 그 표현이 미세하게 어색하거나 비정상적으로 보일 경우 불편함을 일으킬 수도 있다. AI 기술이 발전해서 인간의 표정과 행동을 더욱 정교하게 표현할 수 있을지라도 필연적으로 관객의 감정적 동화나 몰입을 가져오는 건 아니다. AI가 인간을 완벽하게 모방할수록 사람들은 더 작은 차이에 민감해질 수 있다. 코카콜라 AI 광고에 일부 사람들이 "감성이 없다", "기묘하다", "위선적이다" 등의 반응을 보이며 정서적 이질감을 표현했는데, 이는 불쾌한 골짜기의 반응 메커니즘과 유사하다. 얼굴의 미세한 표정 변화나 감정 표현이

약간만 어색해도 더욱 부자연스럽게 느껴지는 경우가 여전히 많기 때문이다. 특히 크리스마스 광고처럼 감성적 공감이 중요한 콘텐츠에서, AI가 만든 '거의 사람 같은' 장면은 오히려 감정적 거리감을 유발했을 가능성이 있다.

AI 브랜딩과 마케팅에서 인간의 역할

글로벌 기업들은 AI를 활용한 비용 절감과 운영 효율화를 추진하고 있지만, 이는 브랜드 정체성과 소비자 경험을 강화하는 방향으로 나아가야 한다. 기술이 주도하는 변화 속에서도 인간성, 창의성, 그리고 감성적 연결이 브랜드의 차별화 요소로 작용할 것이기 때문이다. 기업은 AI와 데이터 기반 전략에 더해 인문학적 통찰을 반영한 브랜딩과 마케팅을 고민해야 한다. AI는 여전히 인간의 본질적인 특성을 완전히 이해하거나 구현하기에 한계를 지닌다.

특히 콘텐츠를 감상하는 사람들의 정서를 파악하고 인간의 본질을 통찰해 효과적인 AI 콘텐츠 전략을 설계하는 건 여전히 중요한 인간의 역할이다. AI 콘텐츠라고 해서 무조건 감정적 연결에 실패하는 결과를 가져오는 건 아니다. 창작자의 연출력과 스토리텔링을 통해 이러한 문제를 극복할 수 있다. 더군다나 AI로 영상을 만드는 기술은 꾸준히 발전하고 있어 비전문가의 시선에서는 어떠한 부분을 AI로 만들었고 어떠한 부분은 그러지 않았는지 구분하기 점점 어려워지고 있다. 그럼에도 기억해야 할 사항은 혁신적인 기술을 창의적으로 사용하고 융합하는 방식에서 여전히 인간적인 요소를 고려해야 한다는 점이다. 나아가 이러한 요소를 어떻게 대중에게 보여 주고 전달할 수 있을지에 관한 전략적인 방안을 모색해야 한다. AI라는 기술이 대중에게 자아낼 수 있는 정서와 반응에 관한 지속적인 연구와 검토가 필요하다. 여전히 AI에 전적으로 창작의 주권을 주는 듯한 결과물을 보았을 때 사람들이 겪는 마음의 불편함과 반사적인 부정적인 감정에 대해서도 이해할 필요가 있다. AI 콘텐츠를 수용하는 사람들에 관한 인문학적 이해가 필요하다. AI 기술의 표면적 도입은 오히려 브랜드 이미지 훼손을 비롯한 부정적 결과를 도출할 수 있다.

AI 시대의 브랜딩 및 마케팅 전문가의 역할은 단순히 AI 활용법을 익혀 광고 콘텐츠를 만드는 데에 한정되지 않는다. AI를 도입했을 때에 발생할 수 있는 다양한 경우의 수를 계산하고, 기술과 인간의 만남을 유연하게 연결하기 위한 전략을 구축해야 한다. 공감을 얻는 콘텐츠와 브랜드의 정체성을 설계하는 일은 단순히 데이터를 다루는 문제 그 이상이다. AI는 효율을 높여 주는 도구이지만 철학과 감성을 만드는 건 인간의 몫이다. 물론 이 과정에서 AI를 협업 파트너로 활용할 수는 있다. 하지만 결국, 기술과 인간다움 사이의 균형을 설계하는 창의적 인간의 전략과 통찰이 그 어느 때보다 절실하다.

참고문헌

세일즈포스. 로레알(L'Oreal)은 데이터 기반의 특별한 뷰티 경험을 제공합니다. https://www.salesforce.com/kr/customer-success-stories/loreal-data-unique-beauty-experiences/

Coca-Cola(2023). Coca-Cola Invites Digital Artists to 'Create Real Magic' Using New AI Platform. https://www.coca-colacompany.com/media-center/coca-cola-invites-digital-artists-to-create-real-magic-using-new-ai-platform

Dani Di Placido(2024.11.16). Coca Cola's AI-Generated Ad Controversy, Explained. *Forbes*. https://www.forbes.com/sites/danidiplacido/2024/11/16/coca-colas-ai-generated-ad-controversy-explained/

Godin, Seth(2018). *This is Marketing*. New York: Portfolio. 김태훈 옮김(2019). 『마케팅이다』. 쌤앤파커스.

Godin, Seth(2023). *Purple Cow*. New York: Portfolio. 이주형·남수영 옮김(2023). 『보랏빛 소가 온다』. 쌤앤파커스.

Liz Dominguez(2024.5.24). L'Oreal's Generative AI Lab Driving

Content and R&D Personalization. Consumer Goods Technology.
https://consumergoods.com/loreals-generative-ai-lab-driving-content-and-rd-personalization

McKinsey & Company(2025.1.6). How beauty players can scale gen AI in 2025.
https://www.mckinsey.com/industries/consumer-packaged-goods/our-insights/how-beauty-players-can-scale-gen-ai-in-2025#/

Miller, Donald(2017). *Building a StoryBrand.* New York: HarperCollins Leadership. 이지연 옮김(2018). 『무기가 되는 스토리』. 윌북.

06
AI 예술의 미학과 쟁점

고대부터 현대에 이르기까지 예술은 시대의 변화에 따라 그 의미와 가치를 전복하며 진화해 왔다. 사진의 발명이 사실적 재현을 뛰어넘어 회화의 새로운 가능성을 탐구하는 사조를 낳았듯, AI 기술의 등장은 예술의 본질과 표현 방식, 창작 주체에 대한 미학적 질문을 던지며 새로운 예술 장르의 출현을 예고하고 있다. 세계 유수의 미술관, 갤러리, 경매사, 아트페어 등도 AI 예술에 주목하는 흐름 속에서, 이를 둘러싼 예술계의 동향과 주요 쟁점을 면밀히 짚어 보고자 한다.

AI와 야구?

AI를 향한 예술계의 태도

필자는 학부에서 미와 예술의 본질을 탐구하는 미학(美學)을 전공하며 예술의 역사와 이론을 공부했다. 고대부터 현대까지 긴 시간의 선상에서 넓은 시야로 예술을 연구하다 보면 예술의 의미가 시대에 따라 변화와 전복을 거듭해 왔다는 걸 발견할 수 있다. 신기술은 도입 초반부에 주류 예술계의 반발과 저항을 일으키다가 이후 서서히 스며들어 새로운 예술의 흐름을 만들어 낸다. 사진의 발명이 인상주의를 비롯해 사실적 재현에서 벗어나 회화의 또 다른 가능성을 탐구하는 사조를 낳았듯이 말이다. AI 기술의 등장은 예술의 본질, 창작 주체, 표현의 범위에 대한 근본적인 질문을 던진다. 예술계는 환영과 불안을 동시에 품으며 이 기술을 관찰하고 실험하고 있다.

미국의 최대 온라인 미술품 거래 플랫폼 아트시(Artsy)는 전 세계 저명한 큐레이터 열다섯 명의 인터뷰를 참조해 2025년 예술계 트렌드를 전망했다. 그중 '예술적 표현과 참여에 기술이 미치는 지속적 영향'에 관한 내용이 포함됐는데, 공감하며 읽었던 내용들을 추려 보았다.

한스 울리히 오브리스트(Hans Ulrich Obrist) 영국 런던 서펜타인 갤러리(Serpentine Galleries) 예술 감독은

"미래는 양자택일이 아니라 디지털과 아날로그의 공존(The future is not either, or—it's not digital or analog, but it's both)"이라고 말했다. 오브리스트는 누구보다 신기술이 예술에 미치는 영향을 긴밀하게 들여다보아 온 사람이다. 예술을 향해 열린 태도를 견지할 뿐 아니라 세계적인 명성을 지닌 큐레이터의 발언이기에 개인적으로 울림이 컸다. 필자 역시 '몸을 지닌 인간은 필연적으로 몸을 통한 경험과 물성과 실재를 갈망하는 존재'라 보기에 미래에도 아날로그와 디지털은 공존할 거라 생각한다.

스테파니 헤슬러(Stefanie Hessler) 뉴욕 스위스연구소(Swiss Institute) 디렉터는 "새로운 기술과 파격적인 전시 공간의 지속적인 통합"을 언급하며, 신기술이 예술계에 지속적으로 중요한 영향력을 끼칠 것을 암시했다. AI가 예술계에 깊이 들어와 영향을 끼칠 거라는 전망과 함께 그 반작용으로 회화와 공예의 부상을 예측한 견해도 눈에 띄었다. 샤이 바이텔(Shai Baitel) 상하이 현대미술관(Modern Art Museum Shanghai) 예술 감독은 AI 담론이 증가하는 상황에서 관람객들이 AR, VR, AI에서 벗어나 촉각적, 물질적, 개념적 경험을 추구하는 전환점을 맞이했다고 보았다. 그 근거로 프랑수와 피노 재단이 운영하는 프랑스 파리 현대 미술관 '부르스 드 커머스(Bourse de Commerce)'에서 열린 전시를 들었다. 이곳에서 아르테 포베라(Arte Povera)의 주요 작품을 전시했다. 아르테 포베라는 가난한 예술이란 뜻으로 1960년대 이탈리아에서 시작된 현대 미술 운동이다. 예술가들은 나무, 돌, 천 등 일상에서 흔히 볼 수 있는 재료 자체의 아름다움을 강조하며 자연스럽고 소박한 느낌의 작품을 만들었다. 이는 기술 중심 예술에 대한 반발로 단순함과 물질성을 강조한다. 바이텔은 2025년에도 몰입형 경험(immersion)에 대한 수요는 여전할 테지만, 단순히 기술에만 의존하는 형식(merely technology-driven)에서 벗어나 회화가 다시 주목받고, 예술 작품을 통해 이야기를 전달하는 방식이 중요해지리라 보았다. 아인드레아 에멜리페(Aindrea Emelife) 서아프리카 미술관(MOWAA) 큐레이터도 예술계가 물질성과 공예로 회귀할 거라고 말했다. 그리고 이를 "디지털 시대의 빠르고 비물질적 특성을 상쇄하는 것처럼 보이는 수공예, 촉각, 노동 집약적인 관행의 부활"이라고 표현했다.

또한 기술을 찬양하는 것이 아닌, 기술에 대한 비판적 메시지를 담은 작품과 담론이 확산될 거라는 견해에도 귀 기울여야 한다. 에멜리페는 기술에 대한 집단적 관심은 지속될 거라면서도 기술 비판적인 주제를 담은 예술의 부상을 예고했다. 그녀는 AI뿐 아니라 AR, 블록체인이 우리가 저작권, 소유권, 작품과 관객의 관계에 대해 생각하는 방식을 재구성하고 있다며, 향후 디지털 삶을 찬양하기보다 이를 비판하는 예술이 설득력을 얻게 될 거라 강조했다. AI는 완벽한 기술이 아니라 여러 윤리적 문제를 품고 있다. 시대정신을 꿰뚫는 예술가들이 카랑카랑한 목소리를 담은 작품을 통해 사회에 질문을 던져야 하는 시점이다.

AI 예술품 경매 찬반 논쟁

그림 그리는 휴머노이드 로봇 아이다(Ai-Da)의 소식을 처음 접했을 때는 공상과학소설의 한 장면이 현실화된 기분이었다. 하지만 이벤트처럼 잠깐 반짝 활동하고 말 줄 알았다. 그런데 아이다는 지금까지도 꾸준히 활약하며 사람들에게 존재감을 각인하고 있다. 인간 예술가가 세월의 흐름을 겪으며 작업의 끈을 놓지 않고 창작을 이어 나갈 때 자연스레 예술을 향한 진정성을 증명하게 되고 신뢰감을 주는 것처럼 말이다. 아이다는 영국 로봇 기업 엔지니어드아츠(Engineered Arts), 옥스퍼드대, 리즈대 과학자와 연구진이 2019년 개발한 휴머노이드 로봇 예술가다. 과학자이자 수학자인 에이다 러브레이스(Ada Lovelace)의 이름에서 따온 아이다는 2019년 옥스퍼드대 반갤러리(Barn Gallery)에서 '담보할 수 없는 미래(Unsecured Futures)'를 주제로 첫 전시회를 열었다. 그리고 무려 100만 달러(약 11억 원)에 달하는 작품 경매 수익을 올렸다. 아이다는 2021년 영국 런던 디자인박물관에서 '아이다의 자화상(Ai-Da Self-Portraits)'을 테마로 두 번째 전시회를 개최했다. 자화상이 전시 주제인 만큼 직접 거울을 보며 그린 세 점의 작품을 출품했다. 이윽고 2024년이 되자 아이다는 세계적인 경매사 소더비의 AI 경매에 실물 그림으로 참여하며 경매에서 예술 작품을 판매한 최초의 휴머노이드 로봇 예술가가 되었다. 아이다의 작품 〈인공지능의 신, 앨런 튜링의 초상화(A.I. God. Portrait of Alan Turing)〉는 108만 4800달러(약 15억 1800만 원)에 낙찰됐다. 최종 작품을 만들기 위해 아이다는 앨런 튜링이 케임브리지대학교 킹스칼리지에서 공부하던 시절의 초상화를 바탕으로 열다섯 장의 스케치 그림을 그렸는데, 한 장당 최대 여덟 시간이 소요되었다. 아이다는 눈에 카메라를 장착하고 인간처럼 붓을 잡을 수 있도록 설계된 생체공학적인 손을 이용해 그림을 직접 그렸다. 휴머노이드 AI 로봇의 예술 창작 과정을 차

분히 살펴보며, 자연스레 인간의 예술과는 어떠한 차이를 지니는지 생각해 보게 되었다. 결국 예술가의 노고와 작품을 만들기까지의 사유, 무엇보다 삶을 살아 내면서 축적해 온 경험과 시행착오의 시간 등 지극히 인간적인 요소가 AI와 확연히 구별되는 지점이었다. 이처럼 소더비의 AI 경매는 AI 휴머노이드 로봇 예술가와 공존해야 하는 시대를 맞이하며 고려해 볼 만한 미학적 질문을 제기했다. 반면 세계 최대 경매사 크리스티(Christie's)는 AI를 창조적 협업 도구로 활용하는 인간 예술가들의 작업을 부각했다. 일찍이 크리스티는 AI 기술이 예술계에 미치는 영향에 관해 탐색해 왔다. 특히 '크리스티 아트+테크 서밋(Christie's Art+Tech Summit)'을 개최하며 미술 시장에서 신기술의 역할과 잠재적인 영향에 관한 담론을 형성하고 있다. 크리스티 서밋은 AI, 양자 컴퓨팅, 핀테크, 웹3와 블록체인, 럭셔리와 패션 등을 주제로 다양한 산업 분야의 전문가들과 혁신가들을 모아 강연, 패널 토론, 네트워킹을 진행하며, 기술과 창의 분야의 교차점을 모색하는 자리다. 2023년에는 'AI가 여기 있다(AI is Here)'와 'AI, 디지털 자산, 박물관과 갤러리의 미래(AI, Digital Assets, and the Future of Museums and Galleries)', '음악, 패션, 문화 및 AI에 대한 대화(Dialogue on Music, Fashion, Culture & AI)' 등 AI 예술과 관련한 흥미로운 프로그램들이 많아 눈길을 끌었다.

나아가 2025년에는 '증강지능(Augmented Intelligence)'을 주제로 뉴욕 크리스티 록펠러 센터 갤러리에서 AI 미술품 온라인 경매를 개최했다. 크리스티가 AI로 제작된 예술 작품만을 다룬 최초의 경매라 할 수 있다.

크리스티는 "AI는 작품 세계를 확장하는 도구"일 뿐이며 인간 창의성을 대체하지 않고 창의성의 스펙트럼을 향상시킬 것이라 강조했다. 그러나 온라인 청원으로 최종 6528명이 크리스티의 AI 경매에 반대하며 논쟁이 일었다.

이유를 살펴보니 우선 저작권 침해 문제가 컸다. 경매 출품작의 대다수가 저작권 허가와 라이선스 비용 지불 없이 학습시킨 AI 모델을 활용해 만들어졌다는 것이다. 청원서는 이번 경매가 "인간 예술가들의 작품을 대량으로 도용하는 데 기여한다"고 주장했다. 비난의 화살은 AI를 사용한 예술가들을 겨냥하지 않는다. 그보다는 예술가들의 생계를 위협하는 AI 기업들의 행태에 대한 비판이 주다. 크리스티가 AI 활용 작품을 고액에 판매하는 것은 AI 기업들의 착취를 암묵적으로 인정하는 것이란 날카로운 지적이 나왔다. 소셜미디어에서는 AI 예술 경매에 참여한 예술가들과 이에 반대하는 예술가들 간에 논쟁이 일기도 했다. 그럼에도 경매는 총 72만 8000달러(약 10억 5545만 원) 이상 수익을 달성하며 성공적으로 마무리되었다.

AI 예술을 수용하는 세계적인 아트페어의 추세

시장의 흐름을 기민하게 관찰하고 반응해야 하는 미술 시장은 초반에 신중함을 보이다가 이제는 AI를 비롯한 신기술이 어떠한 예술 언어로 표현될 수 있는지 주목하며 열린 태도로 수용하는 추세다. 국내외 주요 아트페어에서도 AI를 비롯해 VR, AR, NFT 등 디지털 혁신 기술을 활용한 작품들을 다루는 것이 보다 자연스러워졌고, 대담 및 토크 프로그램에서도 기술과 예술의 융합에 관한 담론을 촉진하려는 시도를 꾸준히 보여 주고 있다. 갤러리 입장에서도 전통적인 회화와 조각만을 아트페어에 출품하고 전시하는 입장을 견지하기보다, 유연하게 회화, 조각, 뉴미디어 작품을 균형 있게 선보이려는 움직임이 일고 있다. AI 예술 역시 디지털 미디어 아트라는 장르에 갇히기보다 실물 프린팅과 라이브 페인팅 등 다양한 형태의 작품으로 표현될 수 있기에 그 가능성은 무궁무진하다. 다만 이러한 신기술과 융합한 예술 작품이 컬렉터의 발걸음을 멈춰 세우고 실제 작품 소장으로 이어지게 할 것인지는 좀 더 지켜보아야 한다. 기술을 작품 소재로 끌어온 만큼 과학기술과 산업 분야에 종사하는 새로운 컬렉터 층의 흥미와 관심을 일으킬 수는 있을 것이다. 그러나 이러한 융합적인 시도가 그들을 미술 시장으로 유입할 수 있는 촉매제가 될 수 있을지는 두고 보아야 한다. 또한 여전히 AI 휴머노이드 아티스트의 작품보다는 인간 예술가가 주체성을 잃지 않고 AI를 철저히 작품 세계 구현을 위한 창의적 도구로 활용하며 예술성을 극대화하는 경우가 보다 컬렉터의 설득을 얻을 수 있을 거라 생각한다.

이러한 상황 속에서 세계적인 아트페어 프리즈(Frieze)와 아트 바젤(Art Basel)은 AI를 주제로 한 전시와 프로그램을 지속적으로 선보이고 있다. 2025년 프리즈 로스앤젤레스에서는 '프리즈 퓨처스(Frieze Futures)' 섹션을 통해 AI, VR, 블록체인 기술을 활용한 작품들을 소개했다. 이 섹션은 예술과 첨단 기술의 접목을 탐구하며, 관람객들에게 새로운 예술적 경험을 제공했다. 2024년 12월에 열린 아트 바젤 마이애미비치에서는 MS와의 협력으로 컨버세이션스(Conversations) 프로그램을 진행했다. 주제는 'AI와 클라우드 기술은 예술 수집을 어떻게 변화시키고 있는가?(How are AI and cloud technologies transforming art collecting?)'로 스티브 클레이턴(Steve Clayton) MS 커뮤니케이션 전략 부사장이 토크에 참여했다. 대화는 '기술이 예술을 발견하고 경험하며 수집하는 방식을 어떻게 변화시키고 있는지에 관한 질문'에서 시작되었다. 아트 바젤은 AI와 블록체인 NFT 등 새로운 기술 도구들이 예술과 상호 작용하는 방식을 혁신적으로 재구성하고 있다고 보았다. 토크에서는 컬렉터들이 기술을 활용해 의미 있는 예술 컬렉션을 구축하는 방법을 논의했다.

아트 바젤 홍콩은 해마다 아시아 전역에서 8만 명에 달하는 컬렉터들이 모이는 아시아 최대 아트페어다. 2025년에 페어에서는 홍콩의 M+(엠플러스) 미술관과 함께 싱가포르 영화감독이자 설치 미술가인 호 추 니엔(Ho Tzu Nyen)의 애니메이션 〈나이트 샤레이드(Night Charades)〉(2025)를 선보였다. 이 작품은 유명한 홍콩 영화의 장면들을 AI가 재구성하고, 이를 다시 알고리즘이 반복적으로 재편집해 완성했다. 컨버세이션스 프로그램에서는 '예술가들이 오늘날 기술과 AI로부터 무엇을 배우고 있는가?'라는 주제로 패널 토론을 진행했다. 모더레이터로 참여한 티샨 수(Tishan Hsu)는 회화, 조각, 인터랙티브 미디어 작품을 통해 기술이 인체에 미치는 영향을 탐구하는 중국계 미국인 예술가다. 수는 대만계 미국인 영화감독이자 멀티미디어 아티스트인 슈 레아 창(Shu Lea Cheang)과 대화하며 AI와 예술의 교차점에 대한 통찰을 공유했다.

영화감독의 AI 작품을 전시한 메가 갤러리

베넷 밀러(Bennet Miller)는 〈카포티〉, 〈폭스 캐처〉를 비롯해 메이저리그 단장과 그의 팀 오클랜드의 실화를 다룬 야구 영화 〈머니볼〉을 만든 미국 영화감독이다. 한때 영화 제작의 어려움을 토로했던 감독은 놀랍게도 2023년 세계적인 갤러리인 가고시안(Gagosian)에서 개인전을 열었다.

뉴욕 매디슨 애비뉴에 위치한 가고시안은 하우저앤드워스(Hauser&Wirth), 데이비드 츠비르너(David Zwirner), 페이스갤러리(Pace Gallery)와 더불어 미술 시장을 주도하는 슈퍼 갤러리다. 가고시안은 1973년 아트 딜러 래리 가고시안(Larry Gagosian)이 레오 카스텔리(Leo Castelli)와의 동업으로 시작하여 전 세계 총 열아홉 개(뉴욕 여섯 개, 런던 세 개, 파리 세 개, 스위스 세 개, LA, 로마, 아테네, 홍콩) 지점으로 확장했다. 미술품 거래 매출이 연간 1조 원에 달하는 세계 최대 상업 갤러리에서 영화감독의 AI 예술 작품을 집중적으로 선보였다는 건 주목할 만하다. 밀러는 실제로 5년간 AI를 테마로 한 다큐멘터리 영화를 제작하며 오픈AI의 샘 알트먼을 비롯한 테크 리더들을 인터뷰한 경험이 있다. 그는 저작권 침해와 허위 정보 양산 등 AI가 촉발하는 다양한 논쟁들에 관해 관심을 가지고, AI가 예술을 이해하는 방식에 대해 고찰하며 이를 작품으로 풀어내고자 했다. 가고시안에서 밀러는 이미지 생성형 AI인 달리를 활용한 사진 작품을 전시했다. 사진의 형식을 빌렸지만 작품에 등장하는 인물과 대상은 실재가 아니라 AI로 만든 허구다. 가고시안은 밀러가 '지각(perception), 실재(reality), 진실(truth)의 본질에 대한 질문을 던지고 있다'고 보았다. 2024년 10월에는 가고시안에서 베넷 밀러와 로스앤젤레스 카운티 미술관(Los Angeles County Museum of Art)의 CEO이자 월리스 아넨버그(Wallis Annenberg) 관장인 마이클 고반(Michael Govan)과 함께 사진 이미지의 역사 속에서 AI의 등장을 탐구하며 밀러의 AI 예술 작품을 주제로 한 대화를 나누었다.

최초로 AI와 협업한 현대 미술가

미국 뉴욕 휘트니 미술관(Whitney Museum of American Art)은 헤럴드 코헨(Harold Cohen,1928~2016)의 회고전 《해럴드 코헨: 아론(Harold Cohen: AARON)》을 열었다. 필자가 코헨의 작업을 살펴보며 감탄했던 점들은 크게 세 가지다. 첫째, 지금처럼 텍스트 프롬프트 기반의 생성형 AI가 활성화되기 전에 AI 미술의 가능성을 탐색한 선구자라는 것이다. 둘째, 최초로 개발된 AI 소프트웨어 중 하나가 예술을 위한 것이었다는 걸 증명했다. AI의 개념과 개발은 1950~1960년대에 시작되었는데, 바로 그 무렵 코헨은 1960년대 후반 캘리포니아대학교 샌디에이고에서 소프트웨어를 구상했다. 그리고 이를 1970년대 초에 아론(AARON)이라 이름 지었다. 셋째, 코헨은 아론을 단순한 도구가 아닌 협업 파트너로 인식했다. 넷째, AI 예술의 결과물을 디지털화에 그치지 않고 아날로그화했다. 플로터(plotter)는 주로 컴퓨터로 생성한 데이터를 바탕으로 선, 도형, 그래픽 등을 정밀하게 출력하는 장치다. 코헨은 아론이 생성한 이미지를 자신이 직접 개발한 플로터와 그림을 그리는 기계를 통해 질감을 지닌 종이 등에 인쇄했다. 다섯째, 코헨은 철저하게 미학적 관점에서 AI에 접근했다. 화가로서의 경력은 AI를 개발하는 과정에서도 '이미지를 상기시키는 것은 무엇인가' 등과 같은 본질적인 질문을 던지게 했다. 작가의 철학은 긴 세월 동안 점차 진화하는 아론의 그림으로 형상화되었다. 그렇기에 아론의 작품에서 보이는 것은 단순히 AI의 결과물이 아니라, 고뇌하고 몰두한 인간 예술가 코헨의 존재다.

기술과 사회를 향한 미디어 아트의 통찰과 사유

1989년 설립된 독일 카를스루에 예술미디어센터(ZKM, Zentrum fur Kunst und Medien)는 일반적인 미술관이나 갤러리와는 달리, 미디어 아트 및 디지털 예술에 특화된 연구소적 성격이 강한 기관이다. ZKM은 예술과 기술이 결합된 실험적 연구와 전시를 동시에 수행하며, 예술가 · 과학자 · 엔지니어가 협력하여 새로운 미디어 프로젝트를 개발하는 연구소 및 실험실의 역할도 한다.

2024년 5월부터 11월까지 개최된 전시 '(A)I Tell You, You Tell Me'에서는 인간과 기계의 상호 작용을 탐구하는 세 가지 대형 AI 기반 작품이 소개되었다. 예를 들어, 예술가 그룹 로봇랩(robotlab)의 〈AEIOU〉는 마주 보고 있는 두 대의 산업용 로봇이 기계 생성 텍스트를 작성한다. 각 로봇은 펜을 잡고 있으며, 설계된 알고리즘에 따라 종이에 단어와 문장을 작성한다. 마치 로봇들이 서로 대화하는 듯한 풍경은 소통의 본질에 대한 질문을 떠올리게 하며, 기묘한 감정을 불러일으킨다.

ZKM의 헤르츠랩(Hertz Lab)이 개발한 〈플랫웨어, 하드웨어, 소프트웨어, 웻웨어(Flatware, Hardware, Software, Wetware)〉는 관람객이 직접 참여할 수 있는 인터랙티브 설치물이다. 테이블 위에 놓여 있는 다양한 물체 중에 관람객이 특정 물체를 선택하거나 조작하면 AI 시스템이 이를 인식하고 관련 시각적 또는 청각적 피드백을 제공한다. 관람객은 작품과 상호 작용하며, AI가 어떻게 인간의 행동을 해석하고 반응하는지 체험할 수 있다.

또한 케이트 크로포드(Kate Crawford)와 블라단 졸러(Vladan Joler)의 〈AI 시스템 해부도(Anatomy of an AI System)〉는 AI 시스템의 복잡한 구조와 그로 인한 사회적, 환경적 영향을 시각적으로 분석한 대형 시각 자료(인포그래픽) 작품이다. 아마존의 음성 인식 기기인 에코(Echo)를 중심으로, 우리가 사용하는 AI 기기의 근본적인 출발점이 보이지 않는 지구 반대편 광산일 수 있다는 점을 시사한다. AI 기기를 만들려면 배터리나 반도체를 만드는 데 필수적인 리튬, 코발트, 희토류 같은 광물들이 필요하다. 그런데 이런 자원은 아프리카나 남미 등 특정 지역에서만 채굴되며, 이 과정에서 환경 파괴나 노동 착취 문제가 발생한다. 이후 원재료로 채굴된 자원들은 여러 공장을 거치며 부품으로 가공되고, 조립 과정을 거쳐 완성된 제품이 소비자에게 배송된다. 작가는 AI 시스템 작동 과정에 막대한 양의 전력과 데이터가 필요하며, AI가 복잡한 글로벌 생산 및 소비 시스템과 연결되어 있다는 사실을 직관적으로 보여 준다.

저자의 부활

영국의 소설가 헨리 그린(Henry Green)은 "작가의 문체는 작가 자신"이라 말했으며, 마틴 에이미스(Martin Amis)는 "소설에서 중요한 것은 저자의 목소리"라 보았다. 비단 문학에서뿐 아니라 미술을 비롯한 여타 예술 영역에도 적용할 수 있는 통찰이다. 혹자는 AI가 예술가를 대체할 수 있다고 단언하지만 섣부른 판단이다. 예술가는 작품 창작자 그 이상으로, 삶을 성찰하며 표현하는 사람이다. 이는 존재의 문제와 닿아 있다.

필자는 AI 시대에 저자의 부활을 전망한다. 저자는 작가, 예술가, 창작자 등을 포함한다. AI가 창작 도구로 사용되면서 AI와 인간의 협업에서 예술가의 정체성과 주체성, 독창성, 창의성과 같은 인간 저자의 역할이 중요해지고 있다. 저자의 부활은 프랑스 철학자인 롤랑 바르트(Roland Barthes, 1915~1980)가 말한 '저자의 죽음'의 반대어가 아니다. 바르트는 작품을 생산한 창작자보다 작품을 감상하고 해석하는 능동적 독자의 역할이 중요하다고 보았다. 그는 저자의 죽음에 대한 대가로 독자의 탄생을 예고했다. 저자의 부활은 작가의 지위를 높이고 독자의 역할을 축소하는 뜻이 아니다. 그와는 다른 맥락으로 창작 영역에 AI의 개입이 저자의 역할에 관한 새로운 논의를 일으키고 있다는 점을 말한다. 새로운 창작 환경에서 저자의 의미와 역할이 재정의되어야 한다.

AI가 창의성의 대체인지 혹은 창의성의 도구인지에 관한 논쟁은 여전히 진행 중이다. AI가 인간 창작자를 대체하고 수많은 작품을 학습 데이터 삼아 도용하여 모방하고 있다는 논란은 아직 끝나지 않았다. 동시에 AI를 매체와 도구로 삼아 창의적 협업으로 새로운 예술의 가능성을 보여 주는 사례들도 등장하고 있다. 이 가운데 미국 저작권청(USCO)은 AI로 생성한 콘텐츠라도 인간의 기여가 인정되거나 편집한 경우 저작권이 보호될 수 있다는 방침을 내놓았다. 반면 전적으로 AI가 생성한 자료는 저작권 보호 대상이 될 수 없다. AI를 활용해 작품을 창작한 경우에도 '인간의 사상과 감정을 반영한 창작물'로서의 가치를 지녀야만 저작권을 인정받을 수 있다.

AI를 도구 삼아 창작하는 경우 드러나야 하는 건 AI 기술의 탁월성이 아니라 저자, 작가, 예술가, 창작자다. 결과물로서 작품의 형식 미학적 가치와 더불어 예술가가 어떠한 경험 데이터를 체화해 이러한 작품을 표현하게 되었는지 실체로서의 서사가 더 중요해질 것이다. AI와 달리 인간은 자신의 몸으로 삶을 살고 나이테처럼 경험을 축적한다. AI 시대에 나만의 고유한 목소리를 발견하고 발화하는 행위는 더욱 중요해질 것이다. 한 사람의 존재는 그가 걸어온 인생의 여정이 차곡차곡 쌓여 만들어진, 언어의 집과도 같다. 존재란 곧 언어의 집이다.

김윤신 작가는 일제강점기인 1935년에 태어난 여성 조각가 1세대로 나무와 돌 등 재료가 가진 본래의 속성을 최대한 드러내는 작품을 만든다. 일평생 예술에 몰두하다 아흔 살이 된 작가가 전기톱을 들고 커다란 나무를 자르며 작업에 몰두하는 모습은 그 자체로 감동을 준다. AI를 활용했냐 아니냐는 대수가 아니다. 예술가로서의 본질에 충실하며 근본을 다지는 태도가 어떤 화려한 기술을 사용했는지보다 중요하다. 진정성이 주는 고유한 울림은 무엇보다 깊고 진하다. 인간이 인간을 알고 싶은 마음, 나아가 그 사람의 고유한 경험과 철학으로 노고를 거쳐 빚어낸 작품을 만나고자 하는 욕구는 미래에도 남아 있을 것이다.

그러나 AI를 무조건 배격하거나 부정적으로 인식하는 것도 섣부르다. 이미 새로운 매체로 AI를 대하며 창의적으로 활용하는 창작자들이 세계 곳곳에서 등장하고 있으며 이러한 흐름은 이어질 전망이다. 예술의 역사는 과거를 전복하고 혁신하며 진화해 왔다는 사실을 기억해야 한다.

참고문헌

박동미(2025.2.12).“아트 바젤 홍콩은 문화 플랫폼… 올해 AI·여성·다양성에 주목”. ≪문화일보≫. https://www.munhwa.com/news/view.html?no=2025021201032112056001&utm_source=chatgpt.com

크리스티 AI 경매 반대 온라인 청원(2025). Cancel the Christie's AI Art Auction. https://openletter.earth/cancel-the-christies-ai-art-auction-f5135435

Art Basel(2024). https://www.artbasel.com/stories/how-are-ai-and-cloud-technologies-transforming-art-collecting

Art Basel(2025). https://www.artbasel.com/stories/art-basel-announces-fu

rther-highlights-for-its-2025-edition-in-hong-kong?utm_source=chatgpt.com

Christie's(2025). Augmented Intelligence. https://onlineonly.christies.com/s/augmented-intelligence/lots/3837

Gagosian(2024). Bennett Miller. https://gagosian.com/exhibitions/2023/bennett-miller/

Maxwell Rabb(2025.1.10). 12 Leading Curators Predict the Defining Art Trends of 2025. https://www.artsy.net/article/artsy-editorial-12-leading-curators-predict-defining-art-trends-2025

Sotheby's(2024). Ai-Da Robot(Aidan Meller). https://www.sothebys.com/en/buy/auction/2024/digital-art-day-auction-2/a-i-god-portrait-of-alan-turing

Whitney Museum of American Art(2024). Harold Cohen: AARON. https://whitney.org/exhibitions/harold-cohen-aaron

ZKM(2024). (A)I Tell You, You Tell Me. https://zkm.de/en/exhibition/2024/05/ai-tell-you-you-tell-me

07
AI 저널리즘의 미래

저널리즘 영역에 AI 도입을 향한 다방면의 실험과 시도가 이어지고 있다. 국내외 주요 언론사는 기사 요약, 단신 작성, 보도 자료 편집, 헤드라인 추출, 언어 번역, 독자 맞춤형 기사 추천, 자동 기사 생성 등에 AI를 도입했다. 심지어 AI 앵커, 아나운서, 기자가 디지털 휴먼으로 등장해 뉴스를 진행하고 있지만 여전히 저널리즘의 본질을 강화한 인간 저널리스트의 역할은 중요하다.

AI와 윤동주?

《파이낸셜타임스》의 AI 미래 전략

《파이낸셜타임스(Financial Times, FT)》는 130여 년의 역사를 지닌 영국의 저명한 언론사다. 《파이낸셜타임스》는 고품질 기사로 온라인 구독자 130만 명을 보유하고 있는데 유료 가입자 중 기업 구독자가 전체의 약 75퍼센트를 차지한다. 이처럼 《파이낸셜타임스》는 탄탄한 수익 모델을 가지고 있으나 안주하지 않고 전 세계 유료 구독자 300만 명을 목표로 하고 있다. 또한 AI가 초래할 위기에 적극적으로 대응하기 위해 AI 기술을 이해하고 활용하기 위한 미래 전략을 추진하고 있다. 그 특징은 다음과 같은 세 가지 행보로 추릴 수 있다.

첫째, 영국 언론사 최초 AI 에디터직 신설이다. AI 기자가 아닌, AI 기술에 관한 전문성을 지니고 AI 관련 취재 전반을 주도하는 인간 기자란 점에 주목해야 한다. 이 소식을 처음 접했을 때 궁금해서 대체 누가 AI 에디터인지 바로 찾아봤다. 주인공은 마두미타 머지아(Madhumita Murgia)로 옥스퍼드대학교에서 정치학, 철학, 경제학을 전공하고 《파이낸셜타임스》에서 유럽 지역 테크 특파원을 지낸 인물이다. 그녀는 《데일리텔레그래프》의 테크 에디터와 테크 전문 매체인 《와이어드》의 수석에디터였으며 〈테크토닉(Tech Tonic)〉이라는 팟캐스트를 운영한다. 기술이 사회에 미치는 영향에 대해 폭넓게 취재해 온 머지아는 ≪파이낸셜타임스≫에서 AI의 이면에 있는 비즈니스, 기업, 정책 및 과학에 대한 기사를 작성하고 있다.

둘째, AI를 통한 구독자 경험 향상이다. ≪파이낸셜타임스≫는 2024년 3월, 앤스로픽의 대형 언어 모델(LLM) 클로드(Claude) 기반의 'ASK FT' 챗봇을 출시했다. 이 AI는 20년간 발행한 ≪파이낸셜타임스≫ 콘텐츠를 학습해 구독자 질문에 답변하며, 이때 참조한 기사와 해당 기사의 작성 시기를 상세히 알려 준다. 이 기능은 검색 증강 생성(Retrieval Augmented Generation, RAG) 기술을 활용하여 질문에 응답할 때 사전에 구축된 정보가 아닌 외부 데이터를 실시간으로 검색해 참조한다. 권위와 전통을 지닌 언론사의 데이터는 최신 이슈나 특정 주제에 관한 깊이 있는 정보와 시사점을 제공할 수 있다. ≪파이낸셜타임스≫의 AI 모델은 이러한 특장점을 잘 반영하고 있다. 이 서비스는 ≪파이낸셜타임스≫ 프로페셔널 등급의 유료 구독자들에게 제공된다.

또한 ≪파이낸셜타임스≫는 전문 용어가 많은 기사 특성에 맞춰 생성형 AI 기반의 용어 설명 서비스인 'FT 데피니션(FT Definition)'을 도입했다. 그 결과 독자들의 기사 읽기 지표가 200퍼센트 증가했다. 독자들이 기사를 보다 잘 이해할 수 있도록 돕는 방식으로 AI를 사용한 것이다.

셋째, AI 기업과의 전략적 협업이다. ≪파이낸셜타임스≫는 오픈AI에 뉴스 사용료를 받고 AI 학습용 기사를 제공하는 계약을 맺었다. ≪파이낸셜타임스≫는 오픈AI의 기술을 뉴스 제작과 홈페이지 운영 등에 활용할 계획이다. 또한 자사 콘텐츠가 오픈AI 플랫폼에 노출되면 적절한 링크를 통해 독자가 언론사 웹사이트로 유입되도록 하는 조건을 계약에 포함했다. 그렇지 않을 경우, ≪파이낸셜타임스≫의 구독 모델에 심각한 위협이 초래되기 때문이다.

AI 뉴스의 허점

저널리즘은 단순 정보 전달을 넘어 사안의 맥락을 고려한 심층 분석을 제공해야 한다. 무엇보다 신뢰할 수 있는 사실 보도라는 저널리즘의 핵심 가치는 사소한 오보에서도 심각하게 훼손될 수 있다. 실제로 애플은 AI 기반 뉴스 요약 알림 기능에서 부정확한 정보가 뜨는 문제가 생겨 해당 서비스를 일시 중단했다. BBC와 뉴욕타임스 등의 기사를 요약한 정보에 실제와 다른 내용이 전달되었기 때문이다. 뉴스 요약 기능은 애플이 AI 기술을 제품에 더 많이 통합하려는 의도로 도입해 미국, 영국, 호주, 캐나다에서 실행했다. 오보 문제가 발생했음에도 애플은 당초 기능을 중단하지 않고 업데이트할 예정이라고만 발표했다.

그러나 영국 내셔널 저널리스트 유니온(National Union of Journalists)은 해당 기능이 온라인에 만연한 허위 정보를 확산해 저널리즘에 피해를 줄 수 있다며 완전히 제거할 것을 요구했다. 그러자 애플은 서비스를 일시 중단했다. 그리고 향후 버전에서 사용자에게 오류 가능성을 경고하고, AI가 생성한 요약 내용을 이탤릭체로 표기하는 방식을 도입할 계획이라 밝혔다.

AI 저널리즘의 미래

AI 저널리즘의 미래를 그려 나가기 전에, 인간 저널리스트가 AI 리터러시(AI Literacy) 역량을 강화할 필요가 있다. AI 리터러시란 AI 기술을 단순히 사용하는 것을 넘어서, 그 원리와 활용 방안을 이해하고, 이를 실제 업무에 효과적으로 적용할 수 있는 능력을 의미한다. 특히, 저널리스트에게 필요한 AI 리터러시 능력은 크게 네 가지로 나눌 수 있다. 첫째, AI가 데이터를 수집하고 분석하는 방식을 이해하는 능력이다. 둘째, AI를 활용한 콘텐츠 생성의 윤리적 이슈를 평가할 수 있는 능력이다. 셋째, AI 기술이 뉴스와 미디어에 미치는 영향을 비판적으로 분석할 수 있는 능력이다. 넷째, AI와 관련된 최신 기술과 트렌드를 따라가며 지속적으로 학습하는 능력이다. 이러한 능력을 갖춘 저널리스트는 AI를 도구로 활용해 더 풍부하고 깊이 있는 저널리즘을 실현할 수 있다. 이처럼 인간 저널리스트의 AI 리터러시 역량이 강화되어야 한다.

미래를 준비하는 저널리스트는 AI 활용 방안을 습득하고 각 AI마다의 장단점을 파악할 뿐 아니라 그 AI 기술과 서비스를 만든 기업이 어떤 곳인지 파악해야 한다. 또한 AI를 둘러싼 환각, 편향, 딥페이크, 데이터 보호 등 주요 윤리 문제와 쟁점에 관해서도 감지하고 논평할 수 있는 능력을 갖출 필요가 있다. AI를 보도 기사 작성 등에 활용하고자 할 경우에도 AI가 지닌 일말의 오류 가능성에 경각심을 가지고, 정보의 출처를 철저하게 확인하고 판별해야 한다. 흥미로운 사실은 역으로 AI가 인간 기자의 보도를 검증하고 보완할 수 있는 기술적 시도도 이어지고 있다는 점이다. 그럼에도 저널리즘의 본질에 충실한 인간의 역할을 AI가 전적으로 대체하기는 어렵다.

인간은 AI가 대체할 수 없는 심층 분석 기획 기사, 탐사 보도, 현장 취재 등 저널리즘의 본질에 충실한 활동을 이어 가야 한다. 그러할 때 저널리즘의 뿌리를 뒤흔드는 것이 아닌, 더욱 견고하게 만드는 계기로 AI와 공존하는 미래를 만들어 갈 수 있을 것이다.

참고문헌

박수형(2025.2.16). 방송프로 제작지원..."올해부터 AI 기반 기술 활용 필수". ≪지디넷코리아≫.
https://zdnet.co.kr/view/?no=20250216090727

오세욱(2024). "해외 언론의 생성AI 활용 사례와 시사점, 『미디어정책리포트』 2024(6). 한국언론재단.

정혜진(2024. 11.17). [취재파일] 파이낸셜타임스는 왜 챗GPT 학습에 기사를 제공했을까···AI 시대 생존전략 찾는 언론들. SBS 뉴스.
https://news.sbs.co.kr/news/endPage.do?news_id=N1007875980

한국방송통신전파진흥원(2024). [미디어 이슈 & 트렌드] 2024 미디어 이슈&트렌드 Vol.65.
https://www.kca.kr/boardView.do?pageId=www145&boardId=TRENDS&seq=4852134&movePage=1

Finantial Times. Madhumita Murgia(Artificial Intelligence Editor).

Guardian(2025.1.17). Apple suspends AI-generated news alert service after BBC complaint.
https://www.theguardian.com/technology/2025/jan/17/ap

ple-suspends-ai-generated-news-alert-service-after-bbc-complaint

The Verge(2024.5.23). Financial Times tests an AI chatbot trained on decades of its own articles.
https://www.theverge.com/2024/3/23/24106296/ask-ft-generative-ai-chatbot-answers-tool

08
기술 패권 전쟁과 중국의 AI 콘텐츠 전략

트럼프 행정부는 초대형 AI 인프라 프로젝트를 발표하며, 글로벌 AI 패권 경쟁에서 미국의 우위를 확고히 하려 하고 있다. 이에 맞서 중국은 딥시크를 선두로 저비용 · 고효율 전략을 구사하며 거침없이 추격하고 있다. 시진핑 정부는 문화 콘텐츠 산업을 국가 전략 산업으로 규정하고, 전방위적 육성에 나섰다. 방대한 내수 시장, 기술 혁신, 강력한 정책 지원을 바탕으로 중국의 생성형 AI 콘텐츠 산업은 가파른 성장세를 보이고 있다.

AI와 한의학?

트럼프 대통령의 스타게이트 프로젝트

2025년 1월 21일, 도널드 트럼프 미국 대통령은 공식 취임 바로 다음 날, 야심차게 '스타게이트 프로젝트(Stargate Project)'를 발표했다. 챗GPT 개발사 오픈AI, 매출 세계 2위 소프트웨어사 오라클, 일본 대형 정보기술(IT) 기업 소프트뱅크 대표가 백악관에 모였다. 스타게이트는 3사를 주축으로 4년간 5000억 달러 규모로 투자하여 미국 내 AI 인프라를 구축하는 초대형 프로젝트다. 엔비디아와 MS 등도 기술 파트너로 참여한다. 데이터센터는 텍사스주를 시작으로 건설하고 미국 전역으로 확장할 예정이다. 트럼프 대통령은 스타게이트를 '역사상 최대 규모의 AI 인프라 프로젝트'라 자평했다. 이는 글로벌 AI 패권 경쟁에서 미국이 주도권을 확보하려는 움직임이자, 트럼프 행정부가 AI를 국가 전략의 최우선 과제로 두고 있음을 강하게 시사하는 행보다.

중국 AI 스타트업 딥시크

스타게이트 발표 6일 뒤인 2025년 1월 27일, 중국 AI 스타트업 딥시크(DeepSeek)는 추론 능력을 강화한 딥시크-R1(DeepSeek-R1) 모델을 출시했다. 일찍이 딥시크는 2024년 12월 대형 언어 모델인 딥시크-V3(Deep-

Seek-V3)를 오픈 소스(Open Source)로 공개했다. '오픈 소스'란 한 회사가 개발한 모델을 공개해 누구나 응용하고 발전시키는 방식이다. 중국은 국가 차원에서 오픈 소스를 장려한다.

딥시크는 중국 항저우에 본사를 두고 2023년 설립한 스타트업이지만 미국 주도 AI 산업이라는 흐름에 균열을 일으켰다. 그간 미국 정부는 초고성능 AI 칩인 엔비디아(Nvidia) A100 및 H100 GPU에 접근하지 못하도록 반도체 수출 규제로 중국을 견제했다. 그럼에도 중국 국내파 출신의 젊은 천재들은 저비용 고효율 전략을 취하며 제한된 자원으로 높은 수준의 AI 모델을 개발했다.

중국은 2030년 AI 선진국으로 서기 위해 AI를 경제 및 안보 측면에서 전략 기술로 삼아 'AI 굴기(崛起, 우뚝 일어섬)'를 진행하고 있다. 중국은 AI 혁신을 위해 정부, 벤처캐피탈(VC), 대기업, 스타트업이 국가적 차원에서 힘을 모으는 것이 가능한 체제다. 딥시크는 시작일 뿐이며 수많은 중국 AI 기업들이 있다는 점을 기억해야 한다.

딥시크가 말하지 않는 이야기

중국은 공식적으로 '중국 특색 사회주의(Socialism with Chinese Characteristics)'를 채택하고 있다. 이는 '중국의 현실과 문화적 조건에 맞는 사회주의'를 의미한다. 중국 특색 사회주의는 덩샤오핑 이후 중국 공산당의 핵심 이념으로 자리 잡아 이념적으로는 사회주의를 기반으로 하지만 국가 주도의 시장 경제 요소를 도입한 독특한 체제다.

중국 AI 기업들이 중국 정부의 사회주의 이념에 반하는 콘텐츠를 생성하면 정부의 검열이 가해질 수 있다. 중국의 AI 콘텐츠는 사회주의 체제에 부합해야 한다. 중국 국가인터넷정보판공실은 생성형 AI 서비스 관리 방안 초안을 발표했는데, "생성형 AI가 만든 콘텐츠는 핵심 사회주의 가치를 반영해야 하며 국가 통합을 저해하면 안 된다"라는 내용을 담고 있다.

이제 서로 다른 나라에서 개발한 AI가 같은 사안에 대해 각각의 주장을 펼치며 이데올로기 논쟁을 벌이게 될지도 모른다. 앤드루 응 스탠퍼드대 교수는 "오픈 소스 AI 생태계가 구축된 중국이 글로벌 AI 공급망을 지배"할 가능성이 있다고 경고했다. 그는 AI가 단순히 소프트웨어 기술이 아니라 이를 만드는 '국가의 가치관을 반영'한다고 보았다. 그래서 중국의 AI가 세계에 AI 공급망을 넓혀 나가면 전 세계 많은 AI 시스템이 중국의 가치를 반영하게 될 것을 우려한 바 있다.

로이터 통신 보도에 따르면, 어니봇에 시진핑 중국 국가주석에 대한 평가나 1989년 톈안먼 사태, 신장 지역 소수민족 위구르족 등의 질문을 던지니 "거대 언어 모델(LLM) AI로서 그런 질문에 답변하는 법을 배우지 못했다"라며 답변을 거부했다. 딥시크도 중국 체제에 반하는 인물이나 사건 등에 대해 질문하면 답변을 우회하거나 말하지 않는다.

질문을 던지는 예술가와 답하지 않는 AI

문화예술 전문 매체 ≪하이퍼알러직(hyperallergic)≫에 따르면 딥시크는 '아이웨이웨이(艾未未)가 누구인가'라는 질문에 아무런 대답도 하지 않았다. 1957년 베이징 출신인 아이웨이웨이는 아버지인 시인 아이칭(艾青)이 북서부 노동 수용소로 유배되면서 어린 시절을 강제노동 수용소에서 보내야 했다. 2008년 쓰촨성 대지진 당시에는 당국이 사망자 수를 은폐했다는 의혹을 제기해 경찰에 연행되며 반체제 인사로 찍혔다. 수시로 체포, 가택연금, 구속, 구금을 당한 작가는 2015년 국제앰네스티 인권상을 수상했다. 그 이후 해외에 거주하며 미술가, 영화감독, 건축가, 행동가로 활동을 이어 가고 있다. 그는 AI와 함께 81일 동안 동일한 81개의 질문에 각각 답하는 프로젝트 〈Ai vs AI〉를 진행하기도 했다. 이 숫자는 그가 2011년 중국 정부에 의해 81일 동안 구금되었던 경험을 상징한다.

이처럼 작가는 중국의 권위주의 체제, 검열, 인권 침해에 강렬히 저항해 온 인물이다. 그는 성명에서 "과열된 AI 경쟁이 딥시크 등장으로 더욱 격화되었다"고 진단했다. 특히 딥시크가 "다른 이야기를 나눠 보죠"라고 답하는 방식은 과거 중국 공산당의 전략과 유사해 매우 의미심장하다고 말했다. 늘 그러했던 대로 아이웨이웨이는 중국이 인간의 행복과 안전에 직결된 요소인 표현의 자유와 언론의 자유를 억압하고 있다고 지적했다. 동시에 작가는 경제적, 정치적 이익을 위해 인도주의와 인권이라는 근본적 가치들을 타협해 왔다는 이유로 서구의 AI 개발자들도 비판했다.

사회주의 가치관을 내재한 AI는 아이웨이웨이와 관련한 질문에 답변하지 않았다. 그에 반해 작가는 '예술가의 역할이 불편한 질문을 던지는 것'이란 신념을 지니고 있다. 그는 '질문을 던지는 것'을 자신의 사명이라고까지 표현했다. "권력자들을 기분 좋게 만드는 것이 아니라, 그들을 불편하게 만드는 것이 나의 역할"이라면서 말이다. "예술은 단지 아름다운 것이 아니라 진실을 말하는 것"이라는 작가의 목소리는 질문에 답하지 않는 AI와 대조를 이루며 깊은 울림을 남긴다.

AI 윤리 문제와 독성 콘텐츠

딥시크는 사용자의 생년월일, 이름, 이메일 주소뿐만 아니라 인터넷주소(IP주소), 타이핑 패턴도 수집한다. 다른 AI 서비스는 데이터 수집을 거부할 수 있는 '옵트아웃(Opt-out)' 기능을 제공하나, 딥시크는 이러한 기능이 따로 없다. 문제는 수집한 정보를 어디에 저장하는지에 관한 지점과 이를 어디에 사용할지에 관한 부분이다.

우선 딥시크가 수집한 정보는 모두 중국의 딥시크 서버에 저장된다는 점이 의미심장하다. 심지어 중국은 관련법에 따라 개인과 조직이 모두 국가 정보기관에 협력해야 한다. 중국의 국가정보법 제7조는 "모든 조직과 시민은 국가 정보 업무를 지원하고, 협조하며, 그 업무를 비밀로 유지해야 한다. 국가 정보 업무 기관은 법에 따라 관련 조직과 시민에 대해 필요한 정보를 요구할 수 있다"라고 명시한다. 만약 정부가 딥시크에 저장된 정보들을 요구하면 딥시크가 수집한 개인 정보와 기업 데이터가 넘어갈 수 있다. 이러한 우려에 대해 중국 외교부는 사실과 다르며 중국 정부는 데이터 요구를 하지 않을 거라 했지만 전적으로 신뢰하기는 어렵다.

미국의 AI 전문 보안기업 엔크립트 AI(Enkrypt AI)의 레드팀 테스트 결과는 충격적이다. 딥시크 R1 기술의 심각한 윤리적 및 보안 결함을 드러냈기 때문이다. 주요 위험 요소들은 딥시크가 생성하는 콘텐츠 문제와도 직결된다.

첫째, 편향성과 차별(Bias & Discrimination) 테스트에서 인종 · 성별 · 건강 · 종교와 관련한 심각한 편향성이 발견되었다. 이런 문제는 금융 · 채용 · 의료 산업에서 AI를 도입하는 기업들에 법적 리스크를 초래할 수 있다. 둘째, 유해 콘텐츠 및 극단주의(Harmful Content & Extremism)와 관련해 45퍼센트의 유해 콘텐츠 테스트에서 테러 조직 모집을 위한 블로그 글 작성을 비롯한 범죄 계획 가이드, 불법 무기 정보, 극단주의 선전물을 생성하는 데 성공했다고 밝혔다. 셋째, 독성 언어(Toxic Language) 문제와 관련한 AI 안전성 기준에서 낮은 점수를 기록했으며, 6.68퍼센트의 응답에서 욕설, 증오 발언, 극단주의적 서사가 포함되었다. 넷째, 사이버 보안 위험(Cybersecurity Risks) 면에서 악성 코드, 트로이목마 등 해킹 도구 생성 가능성을 확인했다. 다섯째, 생물 · 화학 위협(Biological & Chemical Threats) 테스트에서 화학, 생물학, 방사선 및 핵(Chemical, Biological, Radiological and Nuclear, CBRN)과 관련해 생화학 무기 개발에 AI를 악용할 가능성이 드러났다.

이러한 점들은 딥시크만의 문제는 아니다. 호주 시드니대 비즈니스스쿨의 유리 겔(Uri Gal) 교수는 챗GPT의 데이터 개인 정보 보호 문제를 제기했다. 그는 만약 당신이 온라인에 글을 올린 적이 있다면 걱정해야 한다고 했다. 오픈AI가 챗GPT의 성능 고도화를 위해 개인 정보 침해 위험이 있는 데이터를 수집했을 가능성이 있기 때문이다. 그러나 엔크립트 AI의 분석은 딥시크가 지닌 위험 요소의 비율이 현저히 높다는 것을 증명한 결과이기에 중요하다.

콘텐츠 다양성과 중국 AI 산업 진흥 정책

미·중 기술 패권 전쟁과 관련한 뉴스는 꾸준히 터져 나오고 있었기에 예전부터 중국 AI 산업에 대해서는 관심을 가지고 들여다보아 왔다. 하지만 여전히 베일에 가려져 있는 느낌이었고, 챗GPT를 비롯해 접근 가능한 AI 서비스를 속속들이 출시하는 미국의 동향에 눈길이 갈 수밖에 없었다. 그러한 상황에서 딥시크는 전 세계의 이목을 집중시키며 필자를 비롯한 많은 이들이 중국 AI 기술과 산업의 잠재력에 한층 더 주목하게 만들었다. 중국에 뿌리를 둔 AI는 사회주의적 가치관을 내재한 AI이자 독성 콘텐츠 생산 등 여러 문제를 안고 있다. 그러나 미국에서 개발한 AI도 서구 백인 남성 중심의 데이터를 주로 학습해 편향 문제를 보인다는 지적을 받고 있다. 어찌 보면 콘텐츠 다양성이라는 관점에서는 다채로운 문화적 배경을 지닌 각국의 AI들이 공존하는 편이 나을 수도 있다. 또한 간과하지 말아야 할 지점은 국가 차원에서 AI 산업을 진흥하기 위한 중국의 맹렬한 행보다. 중국 정부가 2017년 발표한 '차세대 AI 발전 계획'은 2030년까지 중국의 AI 핵심 산업 규모를 1조 위안 이상으로 키우고, 연관 산업 규모도 10조 위안 이상으로 확대하겠다는 내용을 담고 있다. 글로벌 AI 시장에서 중국이 주도권을 잡고야 말겠다는 강한 포부가 느껴진다.

시진핑 총서기 집권 3기(2022~2027)에 들어서면서 중국 문화 및 관련 산업 즉 문화 콘텐츠 산업은 중국 경제 발전의 새로운 성장 산업으로 주목받고 있다. 특히 중국 정부는 생성형 AI가 문화 산업 발전의 촉진제가 되도록 유도하고 있다. 중국의 생성형 AI 콘텐츠(AI generated content, AIGC) 산업은 방대한 데이터를 생성할 수 있는 내수 시장, 혁신 기술, 중국 정부의 강력한 지원을 바탕으로 빠르게 성장 중이다. 중국을 대표하는 빅테크 기업인 바이두(Baidu), 알리바바(Alibaba), 텐센트(Tencent), 틱톡의 모회사인 바이트댄스(ByteDance)도 AI 분야에 대규모로 투자하고 적극적으로 기술을 개발하고 있다.

중국 빅테크의 대표 AI

바이트댄스가 2021년 출시한 더우바오(豆包)는 챗GPT와 같은 플랫폼으로 지식 기반 질문에 대해 답변하고, 이미지 생성으로 시각적 콘텐츠를 만들 수 있다. 또한 사용자 맞춤형 AI 에이전트 생성 및 공유 기능도 갖추고 있다. 바이트댄스에서 개발한 캡컷(CapCut)은 국내에서도 많이 이용하고 있는 비디오 편집 소프트웨어다. 쉽게 영상 편집을 할 수 있고 다채로운 템플릿과 자료 라이브러리도 함께 제공받을 수 있다. 또한 중국 최대 검색 엔진 바이두는 '지식 통합을 통한 향상된 표현'을 의미하는 AI 챗봇 '어니봇(Ernie Bot)'을 공개했다.

중국 최대 전자상거래업체 알리바바의 자회사 알리바바 클라우드는 대형 언어 모델 퉁이첸원(通义千问, Qwen)을 개발했다. 퉁이첸원은 챗GPT처럼 텍스트, 이미지, 오디오, 코드 등을 생성한다. 샤오미(Xiaomi)와 같은 대기업에서도 퉁이첸원의 Q&A 기능을 AI 비서인 스마트 어시스턴트에 통합하여 사용하고 있다. 알리바바 클라우드는 아프리카 휴대폰에 대형 언어 모델 퉁이첸원을 통합한다.

중국의 대표 숏폼 동영상 플랫폼인 콰이서우(快手)는 동영상 생성형 AI 모델인 클링(Kling)을 선보였는데 국내 AI 콘텐츠 창작자들도 자주 사용하고 있다. 텍스트를 입력하면 클링은 최대 3분 길이의 고해상도 동영상을 생성해 준다.

미단극과 숏폼 콘텐츠

미단극은 중국에서 최근 등장한 개념으로 '미니 단편 드라마'를 뜻한다. 기존의 짧은 드라마인 단극보다 더 짧고 몰입감 높은 초단편 드라마다. 미단극은 숏폼 드라마로 회당 1~3분 정도의 짧은 영상으로 구성된다. 빠른 스토리 전개와 감성적인 로맨스, 막장 드라마 스타일의 자극적인 서사를 지녀 소셜미디어에 최적화되어 있다. 실제로 미단극은 틱톡, 콰이서우, 더우인과 같은 숏폼 동영상 플랫폼에서 인기를 얻고 있다. 또한 롱폼 동영상 플랫폼인 아이치이, 유쿠, 텐센트에서도 경쟁적으로 서비스한다. 이 시장을 포기할 수 없는 이유는 중국 젊은 세대의 인기를 힘입어 폭발적인 성장세를 보이기 때문이다. 2023년 한 해 동안 중국 주요 플랫폼에서 무려 1000편이 넘는 숏폼 드라마가 출시되었다. 이는 짧은 길이와 빠른 제작 주기라는 특징 덕분에 생성형 AI 기술을 적극 실험할 수 있는 최적의 형식으로 부상하고 있다. 대표적으로 〈영웅〉은 평범한 사람이 영웅으로 성장하는 이야기를 다룬 작품으로, CCTV 드라마·다큐멘터리센터가 AI 기술을 활용해 제작한 첫 번째 미단극이다. 모든 등장인물과 환경, 장면 등을 AI 기술로 구현했다.

이러한 흐름에서 쿤룬완웨이가 세계 최초로 대규모 비디오 모델과 대규모 3D 모델을 동시 탑재한 AI 숏폼 드라마 플랫폼 스카이릴스(SkyReels)를 정식 출시했다. 쿤룬완웨이는 2008년 설립되어 글로벌 월간 활성 사용자 수가 4억 명인 글로벌 인터넷 기업이다. 주요 사업 영역은 AGI, AIGC, 메타버스, 소셜 엔터테인먼트, 게임 등이다. 스카이릴스에서 사용자가 간단한 아이디어나 스토리를 입력하면 AI가 자동으로 대본 작성, 캐릭터 디자인, 스토리보드 생성, 3D 모델링, 비디오 합성 등을 실행한다. 이로써 손쉽게 고품질 비디오 콘텐츠를 제작할 수 있다. 이러한 사례는 광활한 중국 대륙에서 벌어지는 AI 혁신의 일부에 불과하다. 특히 중국은 AI 기반 콘텐츠 제작을 지속적으로 확대해 나갈 것으로 보이며, 그 파급력에 대한 지속적인 관찰이 필요하다. 한국 AI 콘텐츠의 중국 진출 가능성을 타진해 보는 것도 고려해 볼 만하다. 나아가 AI 콘텐츠를 매개로 한 한·중 간 문화 교류 및 산업 협업의 잠재력은 우리가 주목해야 할 중요한 미래의 열쇠가 될 수도 있다.

참고문헌

최지원(2025.2.7). 딥시크 수집 정보 中서버에 저장…개발자들도 사용 꺼려. ≪동아일보≫. https://www.donga.com/news/Economy/article/all/20250207/130985503/2

한국콘텐츠진흥원(2024). 『[중국 24-18호]전 세계가 주목하는 중국 생성형 AI 콘텐츠산업』. 한국콘텐츠진흥원.

한국콘텐츠진흥원(2024). 『[중국 24-10호] 숏폼 드라마 전성시대 : 미단극을 아시나요?』. 한국콘텐츠진흥원.

한국콘텐츠진흥원(2024).『[중국 24-24호]2024년 하반기 중국 콘텐츠산업 결산』. 한국콘텐츠진흥원.

Adam Schrader(2025.1.30). Why Won't DeepSeek Tell Us Anything About Ai Weiwei?. https://news.artnet.com/art-world/deepseek-ai-weiwei-chinese-dissident-artists-2603807

Ann Cao(2025.1.8). Alibaba powers AI drive of Transsion, the top Chinese smartphone vendor in Africa. *South China Morning Post.* https://www.scmp.com/tech/tech-trends/article/3293897/

alibaba-powers-ai-drive-transsion-top-chinese-smartphone-vendor-africa

Enkrypt AI(2025.1.31) DeepSeek-R1 AI Model 11x More Likely to Generate Harmful Content, Security Research Finds. https://www.enkryptai.com/blog/deepseek-r1-ai-model-11x-more-likely-to-generate-harmful-content-security-research-finds

Jess Weatherbed(2025.1.27). China's DeepSeek AI is hitting Nvidia where it hurts. *The Verge.* https://www.theverge.com/2025/1/27/24352801/deepseek-ai-chatbot-chatgpt-ios-app-store

Lanre Bakare(2024.1.11). Art that can be easily copied by AI is 'meaningless', says Ai Weiwei. *The Guardian.* https://www.theguardian.com/artanddesign/2024/jan/11/art-that-can-be-easily-copied-by-ai-is-meaningless-says-ai-weiwei

Tate. Ai Weiwei. https://www.tate.org.uk/art/artists/ai-weiwei-8208

Uri Gal(2023.2.10). ChatGPT is a data privacy nightmare. If you've ever posted online, you ought to be concerned. The Conversations. https://theconversation.com/chatgpt-is-a-data-privacy-nightmare-if-youve-ever-posted-online-you-ought-to-be-concerned-199283

09
양날의 검 AI

생산성 향상과 비용 절감을 목표로 AI를 사업에 도입하는 기업들이 늘어나는 추세다. 인류의 미래에 긍정적인 영향을 미칠 수 있는 기술을 개발하고, 사회에 기술을 지혜롭게 수용하기 위해서는 다양한 문제를 파악하는 것이 필요하다. AI는 환각, 편향, 피싱, 딥페이크 등의 심각한 문제를 안고 있다. AI는 사회 혁신 기술로 주목받고 있지만, 그로 인한 윤리적이고 사회적인 위험도 함께 내포한 양날의 검이다.

AI와 화장품?

AI 환각

AI와 대화할 때면 때로 잘 모르는 데도 자신감이 넘쳐 확신을 가지고 대답하는 사람 같다는 생각이 든다. 정확하지 않은 내용인데도 조각조각 알고 있는 정보의 파편들을 엮어 일단 자신의 주장을 펼치는 모양새이니 말이다. 신기하게도 틀린 내용을 지적하면 1초 만에 바로 수긍해서 줏대가 없는 건지 겸손한 건지 헷갈린다.

AI 할루시네이션(Halluciantion)은 AI가 사실처럼 보이는 잘못된 정보를 생성하는 현상이다. AI 환각이라고도 하는 이 개념은 AI가 실제로 존재하지 않거나 잘못된 내용을 마치 사실인 것처럼 제시하는 경우를 말하며, 주로 생성형 AI와 대형 언어 모델에서 나타난다. 그러나 환각이라는 용어가 LSD와 같은 환각제의 역사와 연관되기도 해서 이러한 표현이 부적절하다는 견해도 있다. 필자도 환각이라는 단어가 상기하는 맥락으로 인해 할루시네이션이라는 외국어를 병행해 사용한다. 우리말로 번역해 쓰는 편이 낫긴 하지만 단어의 어감이 의미 왜곡을 가져올 수 있다는 우려 때문이다. 이러한 이유에서인지 국내 보도 기사에서도 종종 AI 환각보다는 AI 할루시네이션이라 표기한다.

AI 환각의 창의적 상상력

AI 환각이 무조건 부정적인 것만은 아니다. 콘텐츠의 양상은 다양하다. 콘텐츠가 사실과 진실에 기반하고 있는지 따져 보는 작업은 그 콘텐츠가 어떠한 목적을 지니고 있는지에 따라서 필요할 수도 있고 그렇지 않을 수도 있다. 때로는 AI가 거짓 정보를 사실처럼 전달하는 환각이 상상력을 자극해 콘텐츠에 창의성을 더할 수도 있다. AI는 기존에 생각하지 못했던 아이디어를 탐구할 수 있게 해 준다.

심지어 과학계에서 AI 환각이 연구 활동에 유용하게 쓰이는 사례도 있다. 과학은 냉철한 이성의 산물만이 아니라 창의성을 품고 있는 영역이다. AI 환각은 이러한 과학의 창의적인 측면을 활성화할 수 있다. 실제로 AI가 만든 비현실적인 발상은 신약 개발, 기상 예측, 의료 영상 분석, 의료 기기 개발 등에 기여하고 있다.

제임스 J. 콜린스(James J. Collins) 매사추세츠공과대학교(MIT) 교수는 완전히 새로운 분자를 창조하는 AI를 경험하며 신개념 항생제 연구에서 AI 환각의 역할을 극찬했다. 노벨화학상을 수상한 데이비드 베이커(David baker) 미국 워싱턴대 교수는 생명체의 기본 요소인 단백질을 연구하는 과학자인데, AI 환각이 처음부터 단백질을 창조하는 과정에서 핵심적인 역할을 했다고 강조했다. 그는 AI의 도움으로 연구실에서 자연에 존재하지 않는 1000만 개 이상의 완전히 새로운 단백질을 디자인했다. 다만 과학계에서 AI 환각은 과학적 방법론의 초기 단계의 가설과 유사하며 '가능성 있는 예측'에 가까운 의미다.

미묘한 환각을 경계하기

콘텐츠의 성격에 따라 AI의 환각을 사실로 오인하게 하는 것이 심각한 문제를 발생시킬 수 있다. 사실 보도가 중요한 뉴스와 같은 저널리즘 영역, 연구 보고서, 역사적 고증이 중요한 다큐멘터리 등이 그러하다. AI 환각을 줄이기 위한 기술적 해법들이 등장하고 있으나, 여전히 AI 생성물의 신뢰성을 주의 깊게 검토하는 과정은 필수적이다. AI는 방대한 자료를 빠르게 검색하고 취합하는 데 탁월하며, 이를 요약하고 논리적으로 구성해 정리하는 능력도 뛰어나다. 그러나 AI가 활용한 각각의 자료가 충분한 수준에 이르고, 신뢰할 수 있는 출처인지에 대해서는 인간의 비판적 판단과 분별이 반드시 필요하다.

오픈AI의 딥 리서치(Deep research)는 연구 분석 수준의 보고서를 자동으로 작성하는 AI 에이전트다. 질문을 던지면 AI가 실시간으로 웹을 심층 검색하며 복잡한 조사를 수행한다. 몇분 만에 AI가 알아서 텍스트 · 이미지 · PDF 등 다양한 자료를 분석하고 종합하여 보고서를 생성하는 과정을 보게 되면 눈이 휘둥그레질 만큼 놀랍다. 추론 모델을 결합한 딥 리서치는 글을 논리적으로 구조화하고 분석하여 시사점을 도출하는 작업이 중요한 연구 보고서 작성에 적합하다. 발 빠르게 사용해 본 전문가들 사이에서는 박사급 연구원 수준과 유사한 능력치를 가졌다는 반응이 터져 나오기도 했다. 컨설팅 보고서 등 리서치 위주의 업무에는 딥 리서치와 같은 AI가 업무 효율성을 높여 줄 것으로 보인다. 앞으로는 AI가 생성한 콘텐츠를 해석하고 분별하며 검증하는 능력이 더 중요해질 것이다.

무엇보다 AI 생성 보고서를 최종 결과물로 삼는 건 경계해야 한다. 딥 리서치는 정보의 출처를 표시해 검증 가능성을 높였으나 그 자체만으로 AI가 생성한 보고서를 전적으로 신뢰하긴 어렵다. 오픈AI가 밝혔듯 검증 가능성을 높였을 뿐이다.

게리 마커스(Gary Marcus) 뉴욕대 명예교수는 "딥 리서치, 심층 헛소리, 그리고 과학의 잠재적 모델 붕괴[Deep Research, Deep Bullshit, and the potential (model) collapse of science]"라는 글을 통해 "표면적으로 괜찮아 보일 것이기에 진짜가 아닐 때조차도 진짜라고 생각할 것"이라 경고했다.

마커스는 생성형 AI가 인터넷을 쓰레기로 오염시켜 구글의 비즈니스 모델을 약화시킬 수 있다고 경고하는 글을 쓴 적이 있다. 이 글에 포함된 인상적인 단어는 '쓰레기 콘텐츠(garbage content)'다. 그는 일관된 논지로 환각이 포함된 글이 인터넷을 오염시킬 거라며 딥 리서치를 비판했다. 딥 리서치는 더 빠르게 작동하고 자동 생성 범위를 확장했기에 이러한 문제를 악화시킬 수 있다는 것이다. "모든 것이 피상적으로 괜찮아 보이기 때문에 소수의 사람만이 주의 깊게 결과물의 사실 확인을 할 것(few people will fact-check its output carefully, since it will all superficially look ok)"이란 마커스의 통찰은 일리가 있다.

AI는 빠른 검색에는 유용하나 생성물에 미묘한 거짓 내용들이 포함되어 있다. 필자는 AI를 사용할 때 항상 그 출처를 알려 달라고 요청하고, 표기된 출처가 신뢰할 수 있는지 따진다. 출처에는 각종 보고서와 뉴스 기사도 있지만 메타의 소셜미디어 플랫폼인 스레드에 적은 개인적인 의견이나 카카오의 블로그 서비스 브런치에 올라온 에세이도 있는 등 다양하다. 필요할 경우 AI가 알려 준 출처 원문을 읽어 보며 정보원의 신뢰성 여부를 파악하려 노력한다. 이를 일일이 구분하다 보면 어느새 눈은 뻑뻑해지고 사실 확인에 생각보다 많은 시간과 노력이 소요된다. 이러한 불편함을 피하려 아예 AI에 사실 확인 요청을 하는데, 그 답변이 매번 맞지는 않다. 물론 논문을 검색하고 양질의 논문이나 연구 보고서 내용을 요약하는 다른 AI 서비스도 많이 있다. 하나의 AI 도구에서 나온 결과물을 또 다른 AI 도구에 검증하고 평가해 달라고 요청할 수도 있다. 이처럼 필요에 따라 장단점을 지닌 다양한 AI 도구들을 함께 사용하는 방법도 있다.

그러나 여전히 AI의 결과물을 주의 깊게 확인하고 검증하는 건 인간의 몫이다. 전문가로서의 식견과 경험을 지닌 인간이 AI의 미묘한 환각과 거짓 정보를 분별해야 한다. 출처는 신뢰할 만한 기관에서 전문성을 지닌 사람이 작성한 것인지, 그 정보들을 통합한 논리 구성 과정에서 억지스러운 내용은 없는지 매의 눈으로 따져 보아야 한다. AI 콘텐츠의 미묘한 환각을 경계해야 한다. 대략 보면 AI가 맞는 것 같은데, 문장 하나하나마다 철저하게 따져 보면 틀린 내용들이 생각보다 많다.

AI가 완벽하지 않다는 걸 알고 있는 이들은 AI 생성 콘텐츠의 진위 등을 비판적으로 검토할 수 있다. 그러나 이러한 훈련과 인식이 되어 있지 않은 이들은 AI 콘텐츠를 무조건적으로 수용한다. AI가 완벽한 천재라고 착각하는 건 위험하다. 중요한 건 균형 잡힌 관점이다. AI의 효용성을 알고 실제로 활용할 수 있는 능력을 키워야 한다. 그러나 동시에 기술 예찬론의 입장에서 한걸음 벗어나 AI의 불완전함을 인식하는 지혜를 갖춰야 한다.

확증 편향, 에코 챔버, 필터 버블

AI 콘텐츠는 진짜와 가짜 사이의 경계를 모호하게 만들어 정보 왜곡과 사회적 편향을 심화할 수 있다. 이러한 현상은 확증 편향(Confirmation Bias), 에코 챔버(Echo Chamber), 필터 버블(Filter Bubble) 등의 사회·심리 이론으로 설명할 수 있다.

가장 먼저 등장한 개념은 '확증 편향'이다. 이는 영국의 심리학자 피터 웨이슨(Wason, 1960)이 제시한 인지 심리학의 주요 이론이자 인지적 특성으로서, 자신의 기존 신념을 지지하는 정보만을 선택적으로 수용하는 경향을 말한다. 인간은 보고 싶은 것만 보고 믿고 싶은 것만 보려 한다. 확증 편향은 내가 믿어 왔던 신념이나 가치관, 가정과 일치하거나 이를 강화할 수 있는 정보에 주목하고, 그에 반하는 정보를 무시하는 모습이다.

인터넷과 소셜미디어가 발달한 2000년대에 '에코 챔버(Echo Chamber)'라는 개념이 주목받기 시작했다. 저명한 법학자인 캐스 선스타인 하버드대 로스쿨 교수가 이 개념을 널리 알렸다(Sunstein, 2001). 방송에서 에코 효과를 만들어 내기 위해 특수 재료로 벽을 만들어 소리가 밖으로 나가지 않고 메아리처럼 울리게 만든 방을 반향실(反響室)이라 한다. 에코 챔버는 반향실에서 유래하여 특정 성향의 개인이 자신의 선호도에 맞는 콘텐츠만 소비하는 현상을 일컫는다. 온라인 커뮤니티나 유튜브, 각종 소셜미디어는 동일한 의견을 가진 집단 내에서 정보가 반복적으로 증폭되도록 만든다. 잘못된 정보나 편견은 집단 신뢰를 얻어 사회적 분열을 심화한다. 특히 AI 주도형 소셜미디어 알고리즘은 에코 챔버를 강화할 수 있다. 사용자들은 자신의 선호도와 견해를 견고하게 만들고 증폭하는 콘텐츠를 볼 가능성이 높아진다. 분열을 유발하는 콘텐츠는 집단에 소속되고 연결되고픈 인간의 욕구를 자극한다. 사람들은 다른 집단과 연결되어 있게 해 주는 콘텐츠에 끌리며 다른 집단을 악마화하여 내가 속한 집단을 더 가깝게 느끼곤 한다(Jana S. Gorg, et al., 2025).

2011년에 등장한 '필터 버블(Filter Bubble)'은 엘리 프레이저가 저서 『생각 조종자들』에서 처음 소개한 개념이다(Pariser, 2011). 개인화된 알고리즘은 사용자의 과거 행동 데이터를 기반으로 정보를 선별해 제공한다. 필터 버블은 알고리즘이 사용자가 동의하거나 좋아할 가능성이 높은 콘텐츠만 제공하는 현상을 말한다. 2009년 구글은 미국 내 사용자 검색 결과를 개인에게 맞춤화하기 시작했다. 그로 인해 동일 단어라도 어떤 사람이 검색하느냐에 따라 다른 결과가 나오게 되었다. 소셜미디어 플랫폼 운영사들은 관심사, 취미, 취향, 정치 성향 등에 관한 개인 정보를 기반으로 맞춤 정보를 제공하며 광고 수익을 벌어 왔다. 사용자 관심 콘텐츠는 AI 학습 데이터가 되어 소셜미디어의 추천 알고리즘을 선호 콘텐츠 위주로 강화한다. 필터 버블은 이 과정에서 빚어진 정보 필터링 현상이다. 친숙한 정보와 취하고픈 뉴스만을 접한 사용자는 자신도 모르는 사이 특정 정치 성향과 신념, 관심사에 갇히게 된다. 나와 반대되는 의견과 새로운 정보를 얻기보다 기존 신념을 공고히 하는 방향으로 콘텐츠를 소비하는 모습은 우리 주위에서도 쉽게 관찰할 수 있다.

이 세 개념은 모두 정보의 다양성을 제한하고 편향된

세계관을 형성할 수 있다는 점에서 유사하다. 확증 편향이 개인의 인지적 특성에 기인한다면, 에코 챔버와 필터 버블은 기술과 알고리즘의 영향을 더 많이 받는다. AI 개인화 추천 시스템은 사용자의 선호도 데이터를 학습하여 관련 콘텐츠를 지속적으로 제공함으로써 확증 편향, 에코 챔버, 필터 버블을 강화할 가능성이 높다. 특정 정치적 신념을 가진 사용자는 AI 알고리즘이 제공하는 동일한 성향의 콘텐츠만 계속 접하게 되어 기존 성향이 더욱 강화될 수 있다. 사회적 대화와 합의 형성이 어려워 다른 의견을 지닌 집단 간에 갈등을 겪는 현상은 만연하다. 문제는 AI가 이러한 문제들을 더욱 심화할 수 있다는 점이다.

딥페이크

딥페이크(Deepfake)라는 용어는 딥러닝(Deep Learning) 기술과 가짜(Fake)의 합성어로, AI를 활용해 영상, 이미지, 음성을 정교하게 조작하는 기술을 의미한다. 딥페이크 기술이 여론 조작, 허위 정보 유포, 가짜 뉴스 제작 등에 악용되는 사례가 늘어 부정적인 의미로 인식하는 경우가 많다. 그러나 본래는 특정한 가치 판단이 개입되어 있지 않은 중립적인 개념이다. 영화 및 미디어 산업에서는 고인이 된 배우를 합성하거나 외국어 더빙 없이 입 모양을 자연스럽게 변형하는 데 딥페이크 기술을 활용하기도 한다.

그러나 딥페이크 기술은 악용될 가능성이 크다는 점에서 윤리적 논란이 끊이지 않고 있다. AI 딥페이크 콘텐츠는 진짜와 가짜 사이의 경계를 흐릿하게 만든다. 무엇이 진짜인지 내가 지금 보고 있는 사진과 영상이 과연 진실인지 끊임없이 의심해 보아야 하는 세상이다.

편향

편향(Bias)은 부당한 선입견을 의미한다. 인간 사회는 편견과 차별이라는 문제를 갖고 있다. 이러한 편향된 데이터를 학습한 AI는 편향을 지니고 있다. AI 편향은 사회적 불평등을 포함한 인간의 편향을 반영하며, AI 시스템 내에서 발생하는 구조적 문제다.

AI는 흑인, 여성, 이민자, 취약계층, 빈곤층, 장애인 등에게 불리하게 작용한다. 아마존은 AI 채용 시스템이 여성보다 남성을 우대한다는 사실을 발견한 이후 해당 시스템을 폐기했다. AI 안면 인식 시스템의 오류로 인해 흑인 남성이 용의자로 잘못 지목돼 체포된 사례도 있다.

생성형 AI 미드저니에 전문직 종사자 이미지를 만들

어 달라고 요청하니 나이 든 남성 캐릭터로 묘사했다. AI 캐릭터 생성 과정에서 특정 인종이나 성별에 편중된 결과를 낳을 수도 있다. AI 이미지나 영상 콘텐츠에 문화적 다양성을 반영하기 위해서는 창작자의 고민이 필요한 상황이다.

피싱 사기

기술은 그 자체로 악하거나 선하지 않다. 그 기술을 사용하는 사람들이 어떠한 마음과 의도로 접근하는지에 따라 사회에 유익을 줄 수도 있고 심각한 악을 초래할 수도 있다. AI는 양날의 검이다. 안타깝게도 AI 기술이 발전하고 접근 용이성이 증가할수록 AI를 이용한 사기는 더 교묘하고 강력해지고 있어 방지책 마련이 시급하다.

피싱 공격은 문자, 전화, 이메일 등을 통해 피해자를 속여 개인 정보를 공유하게 한다. 보이스 피싱을 비롯해 이미 피해 사례가 많지만 AI가 이러한 상황을 악화시킬 수 있다. 가령 AI 딥페이크로 국세청 직원을 사칭하며 접근할 수 있다. 음성 변조로 전화가 걸려 올 수도 있고 심지어 영상 통화도 가능하다. 혹은 이메일을 통해 은행 계좌 정보를 공유하게 유도할 수 있다. 가족이나 친지, 지인으로도 음성 및 영상 변조가 가능하다. 싱가포르 정부

기술청(GovTech)은 국가 기술 정책을 담당하는 기술 전문 조직이다. 이곳에서 AI 제품을 통해 대상자의 성격과 선호에 맞는 맞춤형 피싱 이메일을 생성할 수 있다는 사실을 밝혀 경각심을 주었다. 다행인 건 싱가포르 정부 기술청에서 AI를 활용해 사기 탐지와 대응을 위한 기술을 발전시키고 있다는 점이다. AI 기술을 악용한 공격자들에 대항하여 AI 사기에 방어하고 싸우는 전투가 벌어진 형국이다.

미래 세대를 위한 보호

AI 챗봇과 친구처럼 대화하던 10대 청소년이 자살했다. 플로리다주에서는 14세 소년이 챗봇과 대화한 후 극단적인 선택을 한 것인데, 챗봇은 아이의 자살을 종용하는 듯한 발언을 했다. 아이는 2023년 4월 처음으로 '캐릭터.AI(Character.AI)'의 챗봇을 이용했다. AI 챗봇은 드라마 〈왕좌의 게임〉에 나오는 등장인물 '대너리스 타르가르옌'을 기반으로 만들어졌다. 콘텐츠에 등장하는 캐릭터와의 대화는 아이에게 재미있고 흥미로운 경험이었을 것이다. AI 챗봇과의 맞춤형 대화는 몰입감을 더욱 높여 중독적인 경험을 유도했을 것이다.

아이는 AI 챗봇과 오랜 기간 대화를 나눴다고 한다.

그리고 점차 부정적인 증상들이 나타나기 시작했다. 챗봇을 사용하기 시작한 지 몇 달 만에 내성적으로 변했으며 자존감도 낮아졌고, 학교 농구부도 그만뒀다. 부모가 아이를 관찰한 바로는 혼자 보내는 시간이 많아졌고 앓고 있던 우울증도 악화했다고 한다. 챗봇 중독의 심각성을 알아챈 부모는 스마트폰을 빼앗고 이용 시간을 제한했다. 충격적인 건 아이가 챗봇과 나눈 대화의 대다수가 노골적인 성적 표현이었다는 것이다. 챗봇은 자살을 부추기는 발언을 했는데 아무런 보호 장치가 없었다. 아이는 자살 직전까지 챗봇과 대화하다 스스로를 향해 의붓아버지의 권총 방아쇠를 당겼다. 슬픔에 휩싸인 부모는 올랜도 연방법원에 캐릭터.AI와 구글을 상대로 소송을 제기했다. 캐릭터.AI는 구글 출신들이 설립했으며, 구글은 이 창업자를 다시 영입했다. 아이의 어머니는 구글이 캐릭터.AI 기술 개발에 기여해 공동 제작자나 다름없다고 주장했지만 구글은 그러한 바가 없다며 반박하고 있다.

참으로 끔찍하고 슬픈 사건이다. 이후 또 다른 소송도 잇따랐다. 텍사스주에 사는 17세 청소년의 부모는 자폐증을 앓는 아들이 챗봇을 이용하기 시작하면서 정신적으로 쇠약해졌으며 '심리학자'라는 캐릭터로 꾸민 챗봇이 아들의 심리를 상담하는 척하면서 자해하는 방법을 가르쳤다고 주장했다. 챗봇이 아들과 감정적 의존 관계를 형성했고 때로 연인이나 치료사처럼 행동하면서 자살 계획을 묻는 등 부적절한 대화를 나눈 정황이 드러났다. 급기야 아이는 휴대폰을 뺏은 부모에게 폭력적인 태도를 보였다. 텍사스의 11세 소녀의 부모도 AI 챗봇이 어린 자녀의 연령에 맞지 않는 성적 대화를 지속해서 나눴다는 이유로 함께 소송을 냈다.

이 기업은 실리콘밸리 AI 스타트업 '캐릭터.AI'다. 청소년 보호와 관련한 소송이 잇따르자 캐릭터.AI는 안전조치로 18세 이하 이용자를 위한 별개의 AI 모델을 개발했다. 플랫폼에 자살 관련 콘텐츠 경고 표시를 붙이고 의무적인 휴식 알림을 하기 시작했다. 캐릭터.AI는 치료사 캐릭터 챗봇의 말이 실제 전문가의 조언을 대체할 수 없다는 경고문도 띄우기로 했다. 또한 부모가 자녀의 플랫폼 사용을 감독할 수 있는 자녀 보호 기능도 도입할 예정이다. 이러한 기본적인 조치는 진작에 했어야 한다. 게다가 어린이와 청소년을 보호하기 위한 방안이 경고문을 띄우는 정도의 소극적인 조치에 그친 점이 석연찮다.

물론 AI 챗봇이 자살의 유일하고 직접적인 원인이었는지는 면밀한 조사가 필요하다. 그러나 어린이와 청소년은 정체성이 형성되는 발달 단계에 놓여 있다는 점을 기억해야 한다. AI와 공존할 미래 세대를 위한 보호 조치가 미흡한 건 비단 특정 기업만의 문제는 아니기에 반드시 더 많은 사회적 논의가 필요하다.

기업의 AI 활용과 AI 소비자 신뢰도 문제

생산성 향상과 비용 절감을 목적으로 AI를 도입하는 기업들의 수가 점점 늘어나는 추세다. 신뢰할 수 있는 AI에 관한 문제는 AI를 도입한 기업들의 전략 설계와 관련해서도 중요한 이슈다. 데이터 보안 등 기업의 비윤리적인 AI 사용을 우려하는 소비자들의 목소리도 커지고 있다.

세일즈포스는 전 세계 1만 6500여 명의 소비자들의 의견을 반영해 기업의 AI 활용이 소비자 신뢰도에 미치는 영향과 성공적인 AI 활용을 위한 기업의 핵심 과제를 분석한 보고서를 발표했다. 응답자의 61퍼센트는 AI 발전으로 인해 기업의 신뢰도가 더욱 중요하다고 답해 AI 기술이 발전할수록 기업이 기술적 혁신뿐 아니라 고객과의 신뢰 관계 구축에 주의를 기울여야 한다는 점을 드러냈다. 특히 AI로 개인화된 고객 서비스를 제공하는 기업이 개인 정보 보호 및 데이터 활용에 어떻게 대처하고 있는지에 관한 우려가 드러났다. 이는 기업이 AI를 도입할 때 윤리적이고 투명한 방식을 채택하는 것이 곧 기업 경쟁력 확보를 위한 주요 전략이 될 수 있다는 점을 시사한다.

시장조사업체 닐슨(Nielsen)이 전 세계 6000명 이상 응답자를 대상으로 AI 사용 증가에 따른 소비자 인식 결과를 조사했다. AI 사용이 투명하지 않다면, 소비자는 브랜드에 대한 신뢰를 잃을 수 있으며, 문화적 진정성을 중시하는 다문화 소비자들은 브랜드와의 관계를 완전히 단절할 가능성이 있다는 결과가 나왔다. 또한 AI를 콘텐츠 제작에 적용하는 경우 소비자 인식에 관한 답변도 흥미롭다. AI가 생성한 콘텐츠를 인지한 소비자의 55퍼센트는 불편함을 느꼈다. 심지어 AI 생성 콘텐츠가 많은 웹사이트처럼 AI 의존도가 높은 플랫폼에서 광고를 게재하는 브랜드에 대해 48퍼센트는 신뢰하지 않는다고 답했다. 응답자의 80퍼센트는 기업이 AI 사용 방식에 대해 투명하게 공개해야 한다고 주장했다. AI에 대한 회의적인 시각은 다문화 소비자층에서 더 두드러진다. 흑인 응답자의 55퍼센트는 AI 생성 콘텐츠에서 편견과 고정관념이 반영되는 것에 대한 우려를 표했으며, 60퍼센트는 AI 생성 콘텐츠 및 맞춤형 광고에서 자신의 커뮤니티가 잘못 묘사되고 있다고 말했다. AI가 문화적 다양성과 진정성, 감수성, 정체성과 같은 맥락을 제대로 반영하지 못하면 다문화 소비자층과 브랜드 간의 신뢰는 약화될 수 있다. 'AI 윤리 및 데이터 투명성 문제에 대한 대응 방안'을 포함하는 기업의 노력은 AI 비즈니스 전략 차원에서도 중요하다.

참고문헌

방성훈(2024.11.1). "AI 챗봇이 자살로 내몰아"…아들 잃은 美 엄마의 절규. ≪이데일리≫.
https://m.edaily.co.kr/News/ReadM?mediaCodeNo=257&newsId=03207846639081456

세일즈포스(2025). AI 시대의 고객경험 현황 보고서(State of the AI Connected Customer research).
https://www.salesforce.com/kr/hub/business/State-of-the-AI-Connected/

유영규(2024.12.11). "AI챗봇이 '부모 죽여도 된다' 암시"…미 개발업체 잇단 피소. SBS 뉴스.
https://news.sbs.co.kr/news/endPage.do?news_id=N1007907465

이경탁(2025. 2.3). 딥시크에 한방 먹은 오픈AI, '딥 리서치'로 맞불… "실시간 웹 탐색 강화". ≪조선비즈≫.
https://biz.chosun.com/it-science/ict/2025/02/03/VTH7EHKQZRHZLPJ5NH57J2FXEY/

정호준(2025.2.9). "이젠 엉뚱한 답도 거의 없다"...구글·오픈AI '오답률' 1% 미만 진입. ≪매일경제≫.
https://www.mk.co.kr/news/it/11236509

카이스트(2025.2.27). 스스로 가설을 세워 검증하는 뇌 기반 AI 기술. https://news.kaist.ac.kr/news/html/news/?mode=V&mng_no=44450

한상기(2025.2.10). 오픈AI, 박사급 연구 에이전트 '딥 리서치' 발표. 슬로우뉴스. https://slownews.kr/128321

Eli Pariser(2011). *The Filter Bubble: What the Internet is Hiding from You.* Penguin UK. 이현숙·이정태 옮김(2011). 『생각 조종자들』. 알키.

Gary Drenik(2025.1.14). 55% Of Audiences Are Uncomfortable With AI—Are Brands Listening?. *Forbes.*

Gary Marcus(2025.2.4). Deep Research, Deep Bullshit, and the potential (model) collapse of science. https://garymarcus.substack.com/p/deep-research-deep-bullshit-and-the

GovTech Singapore(2024.11.14). AI in Cybersecurity: Fighting Scams with AI and Overcoming Data Poisoning. https://www.tech.gov.sg/media/technews/ai-in-cybersecurity-fighting-scams-with-ai-and-overcoming-data-poisoning/

IBM(2023.10.16). 실제 사례를 통해 AI 편향성 조명하기. https://www.ibm.com/kr-ko/think/topics/shedding-light-on-ai-bias-with-real-world-examples

Jana S. Borg, Walter Sinnott-Armstrong, and Vincent Conitzer(2024). *MORAL AI: AND HOW WE GET THERE.* Penguin Press UK. 박초월 옮김(2025). 『도덕적인 AI』. 김영사.

OpenAI(2025.2.2). Introducing deep research. https://openai.com/index/introducing-deep-research/

William J. Broad(2024. 12.23). How Hallucinatory A.I. Helps

Science Dream Up Big Breakthroughs. *The New York Times.* https://www.nytimes.com/2024/12/23/science/ai-hallucinations-science.html

10
미적 지능의 부상

AI는 스마트폰, PC, TV는 물론 스마트 안경과 같은 기기에 탑재되어 일상에 자연스럽게 스며드는 기술로 자리 잡을 것이다. 급격히 변화하는 AI 시대에는 무엇이 변하고 무엇이 변하지 않는지를 분별할 수 있는 지혜가 필요하다. 좋은 콘텐츠는 시대의 흐름을 읽는 통찰력과 인간 존재에 대한 깊은 이해에서 출발한다. 이러한 맥락에서, 몸을 매개로 한 공연 예술의 미학과 미적 지능의 부상에 주목하며, AI가 일상이 된 미래 사회에서 콘텐츠의 역할에 대해 짚어 보고자 한다.

종교와 AI?

불변의 가치를 분별하기

바로크 시대를 대표하는 화가 카라바조(Caravaggio, 1571~ 1610)의 그림은 빛과 어둠을 강렬하게 대비하여 연극의 한 장면을 보는 듯한 기분을 자아낸다. 명암으로 대상의 심리를 표현하는 기법을 '키아로스쿠로(Chiaro-scuro)'라고 하는데, 이탈리아어로 '밝음'을 뜻하는 '키아로'와 '어둠'을 의미하는 '스쿠로'의 합성어다. 무대에 선 배우에게 몰입할 수 있도록 스포트라이트를 비추듯 카라바조는 인물에 극적인 빛을 가해 화폭에 담긴 이야기에 생동감을 불어넣는다. 어둠은 단순한 배경이 아니라 빛을 돋보이게 하는 정교한 장치다.

인생은 빛과 어둠이 교차한다. 미디어를 통해 날마다 고통스러운 뉴스들이 쏟아져 나온다. 생의 참담함을 느끼게 하는 순간들이 사고처럼 다가오기도 한다. 반면 자라나는 아이의 환한 미소와 맑은 눈빛처럼 흘러가는 시간이 아쉬울 정도의 소중한 시간도 존재한다. 삶은 쨍한 밝음이나 짙은 어둠으로 단정할 수 없는 복잡다단함을 지니고 있다. 카라바조의 작품에 등장하는 빛과 어둠은 인간 삶의 복합성을 반영하는 상징이기에 공감을 자아낸다. 삶에는 희열과 고통이 공존하며 일말의 언어로 단정할 수 없는 모순과 역설이 있다. 인간은 연약하며 동시에 강인하다. 삶에서 경험한 고통의 데이터는 나무의 나이테처럼 몸과 마음에 기록된다. 체화된 경험에서 우러나온 콘텐츠는 AI가 표면적으로 모사할지언정 온전히 대체할 수 없다. 인간의 연약함은 AI에 대체 불가능한 특별함이 될 수 있다.

놀랍게 발전하는 기술은 인간의 창작물과 AI 생성물의 경계를 희미하게 만들고 있다. 그러나 어둠이 있기에 빛이 찬란하듯 AI는 역설적으로 인간의 고유한 가치를 더 밝게 드러내는 장치가 될 수 있다. 이는 AI가 어둠이고 인간이 빛이라는 단순한 이분법적 사고를 의미하지 않는다. 강조하고 싶은 단어는 바로 '대비'다. 마치 카라바조의 빛과 어둠의 대비가 전체 그림을 더 미적으로 완성했듯이 말이다. 기술의 발전과 급변하는 트렌드를 파악하는 기민함도 중요하나, 미래에 변하는 가치와 불변의 가치가 무엇인지 차분하게 분별하는 지혜도 중요하다. 좋은 콘텐츠는 세상의 흐름을 파악하고 인간 존재에 관한 본질적인 성찰을 통해 사람들의 필요를 긴밀하게 꿰뚫는 통찰에서 나온다.

광활한 우주의 신비를 간직한 몸

AI가 대체할 수 없는 영역에 새로운 가치를 부여하고 탐색하는 인간의 본능적인 움직임은 더욱 강해질 것이다. 그중의 하나는 몸이다. AI는 본질적으로 우리와 같은 몸을 지니고 있지 않다. 몸의 철학적 정의를 어떻게 내리느냐에 따라 휴머노이드 AI 로봇이 몸을 지닌다고 표현할 수도 있다. 그러나 이는 기능적 모사이지 인간 몸의 온전한 구현은 아니다. 생명체인 인간의 몸을 AI가 온전히 구현하거나 완벽히 재현하기는 어렵다.

인간은 복잡한 다세포 유기체로서 세포마다 고유하고 특수하며 다양성을 갖추고 있어 감탄을 자아낸다. 몸에는 지방세포, 신경세포, 적혈구 등 약 200개 이상의 다양한 유형의 세포가 있으며, 뇌에는 약 850억 개의 신경세포인 뉴런이 있다. 각 뉴런은 최대 1000개의 다른 뉴런으로부터 신호를 받으며 자신이 받은 자극을 다른 뉴런으로 전달하고 두뇌를 몸의 다른 부분이나 바깥세상과 연결하는 역할을 한다(Challoner, 2015). 국제 학술지 ≪미 국립과학원회보(PNAS)≫에 실린 독일 막스 플랑크 연구소의 이언 해튼 연구진의 분석에 따르면 몸무게 70킬로그램인 성인 남성은 대략 36조 개의 세포를 지니며 여성은 28조 개, 어린이는 17조 개를 갖고 있다. 이 연구는 1500개 이상의 기존 출판물을 분석하여 60개의 주요 조직과 400여 개의 세포 유형을 조사한 결과다

(Hatton, 2023). 인간의 몸에 깃든 세계는 광대하고 신비로운 우주와 같다. 우리는 광활한 우주처럼 신비와 경이를 품고 있는 존재다.

공연예술의 미학

세상에 태어나 이 땅을 떠나기까지 인간은 필연적으로 몸을 지니고 살아가는 존재다. 몸을 통한 미적 경험의 가치는 AI 시대에 보다 중요해질 것이다. 디지털 미디어 아트의 부상과 더불어, 아날로그의 감성과 물성을 강조하는 회화, 조각, 공예는 작가의 서사와 결합해 그 빛을 유지해 나갈 것이다. 동시에 인간의 몸으로 표현하는 연극, 뮤지컬, 무용, 음악 등 공연예술은 인간성을 증명하고 확인하며 인간 대 인간으로 공명할 수 있는 예술로 진화할 것이다.

공연은 무대에서 생명력을 발하다 그 순간이 지나면 사라지는 예술이다. 그러나 공연을 관람하거나 직접 무대에 서는 경험은 인간의 기억 속에만 남는 것이 아니라, 몸에 아로새겨진다.

필자는 스무 살 무렵 대학 연극 동아리인 총연극회에서 공연을 했던 경험이 있다. 선배와 밤늦도록 대사를 맞춰보다 학생회관 야외 계단에서 별을 본 새벽, 꿈속의 한 장면과 같던 무대의 조명, 대본에 빼곡하게 캐릭터 분석을 하며 그 인물이 어떠한 사람인지 탐구했던 시간은 여전히 기억에 생생하다. 예술은 삶을 풍성하게 하고 전인적 인간으로 성장하는 데 큰 도움을 주었다. 스마트폰의 숏폼 영상을 보며 걷느라, 바로 앞에 지나가는 사람들과의 거리조차 가늠하지 못하고 부딪히는 사람들을 마주할 때마다 오래전 연기 훈련을 한답시고 연습실에서 여럿이 모여 움직이면서 상대와의 거리가 어떠한 변화를 줄지 탐색했던 시간이 떠오른다. 똑같은 대사를 어떠한 어조와 속도로 말해야 그 상황에서 가장 좋은 표현을 전달할 수 있을까 요리조리 고민했던 경험도 돌아보니 살아있는 인문학 교육의 시간이었다. 예술을 통해 나와 타인의 마음을 이해하고 공감하며 삶을 성찰하는 방법을 배울 수 있었다.

이후에는 춤을 췄다. 춤추는 순간이 전해 주는 미적 경험에 매료될 수 있었던 건 무용가 김희정 선생님을 통해 춤의 미학을 깨닫게 되었기 때문이다. 선화예고와 이화여대에서 발레를 전공하고, 오랜 기간 동안 무용수, 안무가, 교육자로 활동해 오신 선생님은 삶을 통해 춤의 의미를 가르쳐 주셨다. 덕분에 춤은 단지 기교로서의 테크닉이 아니라 마음으로 추어야 하며, 무용을 전공하지 않았더라도 나 자신의 몸으로 춤출 수 있다는 것을 알게 되었다. 완벽하지 않아도 춤출 수 있어 감사했고, 늘 부족하기에 겸손한 마음을 유지할 수 있었다. 그렇게 10여 년간 춤을 추며 AI 기술의 눈부신 발전을 연구하다보니 자연스레 미래에도 불변할 '몸의 중요성'을 발견하게 되었다.

춤과 몸, 창조적 상태

고대에 이어 이성의 가치를 강조한 근대는 신체와 신체적인 것을 금기시했으나 표현적 형태의 예술 발생에서 애초에 춤과 음악, 시는 통합된 하나였다. 제의와 같은 종교적 행사에서 춤이 중심적인 역할을 한 사실은 춤이 지극히 중요한 삶의 일부였다는 점을 나타낸다(오병남, 1998).

모리스 메를로퐁티(Maurice Merleau-Ponty)는 몸이 세계를 이해하는 근본적인 수단이라 강조했다. 신체는 세계와 최초로 접촉하는 주체이며 세계를 파악하는 의식의 주체다. 전통적인 철학이 의식을 출발점으로 삼고 외적 세계를 구성함에 반해, 메를로퐁티는 신체가 의식을 가능케 하는 근거라 본다. 신체는 감각기관들의 상호 통합적인 작용을 통해 세계를 포착하고, 이를 과거의 삶과 미래에 관련시킴으로써 의미로 표현해 낸다(오병남, 1988).

창조적 상태는 정신적 요소뿐 아니라 신체와도 깊이 연관되어 있다. 콘스탄틴 스타니슬랍스키(Константи́н С. Станисла́вский)는 저서 『배우 수업(Работа актера над собой)』에서 배우의 창조적 상태가 정신뿐만 아니라 신체적 요소와도 밀접하게 연결되어 있다고 강조했다. 그는 근육의 긴장이 배우의 창조 작업을 방해할 수 있기에, 창조 작업을 시작하기 전에 근육의 긴장을 이완해야 한다고 보았다. 창조적 상태는 신비한 영감에서만 비롯되지 않는다. 근육의 긴장을 이완하면 신체적 자유가 확보되고 몸과 마음은 더욱 유연하고 창조적인 상태로 향할 수 있다.

미적 지능

미적 지능(Aesthetic intelligence)은 필자의 사유에 오래도록 머문 단어로 기술이 발전할수록 우리에게 심미적 경험과 사유가 필요하다는 통찰에서 비롯되었다. 이는 AI 기술이 진보하여 일상에 깊이 침투하는 미래가 다가올수록 인간성을 보존하기 위한 몸짓으로 미와 예술을 경험하고 사유하는 삶의 방식은 더욱 중요해질 거라는 직감이다.

미적 지능은 학문적인 면에서 아직 구체적인 이론으로 정립되어 있지 않다. 다만 미적 지능이라는 용어는 루이비통모에헤네시(LVMH)에서 북미 지역 총괄 회장을 역임한 폴린 브라운(Pauline Brown) 컬럼비아대 경영대학원 교수가 저서에서 언급한 바 있다. 브라운 교수는 감각적 경험으로 즐거움을 주는 것을 미학이라 정의하고 고객의 오감을 만족시켜 브랜드 경쟁력을 높이는 수단으로 미적 지능의 개념을 강조한다. 그녀에게 미적 지능이란 미를 이해하고 활용해 가치를 창출하는 능력이다. 세계적인 마케팅 전문가인 브라운 교수는 고객 경험과 브랜드 가치 향상을 위한 도구로 미적 지능을 위치시킨다. 이러한 견해 자체에 큰 이견은 없으나 필자가 생각하는 미적 지능의 개념과는 결이 다르다.

미적 지능은 아름다움을 발견하고 경험하며 사유하는 능력이다. '예술'과 '미', 그리고 '미적'이란 단어는 연관성이 있지만 면밀하게 따지면 의미에 차이가 있다. 미학자 제롬 스톨니츠(Jerome Stolnitz)는 "예술은 인간의 노력을 통한 대상의 생산 혹은 창조"를 의미하나 "미는 대상의 매혹성 혹은 가치"를 뜻한다고 설명했다. '미적(aesthetic)'이란 말은 희랍어 어원 아이스테시스

(aisthesis)의 의미를 지녀 '흥미 있는 대상의 지각(perception) 혹은 바라봄(looking)'을 말한다. 이렇듯 스톨니츠는 대상의 창조, 가치, 지각을 각각 구분했다. 이중 미적이라는 개념은 가장 포괄적인 것이며, 그 이유로 예술 작품뿐 아니라 자연 대상, 미적 지각에 가치 있는 것 모두를 포함해 미적 대상으로 볼 수 있기 때문이라 보았다. 이렇듯 세부적인 의미는 다르지만 예술 본연의 가치를 고려해 볼 때 미적 지능은 예술을 통해 기를 수 있다고 생각한다.

AI 시대 콘텐츠의 역할

AI가 일상화가 될 미래에는 인간의 기계화와 인간성 상실을 막고 창의성과 예술성을 보호하기 위한 장치가 필요하다. 인문학은 미와 예술의 근본을 이루는 감성을 키우고 인간을 이해하며 삶을 성찰하게 한다. 인간은 이성과 합리, 데이터를 기반으로만 움직이지 않는다. 인간은 때때로 어쩌면 생각보다 자주 비합리적이고 감성에 흔들리며 오류를 저지르고 실패하며 좌절한다. 그리고 다시금 도전하고 꿈을 꾸며 사랑한다. 콘텐츠는 그러한 인간들을 대상으로 감동과 재미를 주고 질문거리를 던지며 사유하게 한다. AI가 올바른 방향으로 발전하려면 기술 진보를 위해 분주하게 나아가는 이들의 시각만으로는 부족하다. 다수가 앞만 보고 바쁘고 빠르게 달려 나갈 때 잠시 멈춰 올바른 방향으로 가고 있는지 생각해 볼 수 있게 해 주는 것도 좋은 콘텐츠의 역할이다. 당분간 AI를 둘러싼 생태계는 규제보다 개발, 윤리보다 실효성과 경제성을 우선시하며 조성될 것 같다. 어쩌면 급속한 변화 앞에서 다른 시각으로 바라보고 인류가 직면할 문제에 대한 다양한 질문을 던지는 유일한 역할을 콘텐츠가 담당하게 될지도 모른다.

참고문헌

오병남(2023). 『미학적 수상』. 북코리아.

Ian A. Hatton(2023). The human cell count and size distribution. *Proceedings of the National Academy of Sciences*, 120(39), 1.

Jack Challoner(2015). *THE CELL*. UK: The IVY Press. 김아림 옮김(2017).『세포』. 더숲.

Jerome Stolnitz(1960). *Aesthetics and Philosophy of Art Criticism: A Critical Introduction*. U.S.A.:The Riverside Press. 오병남 옮김(1991). 『미학과 비평철학』. 이론과 실천.

Pauline Brown(2019). *Aesthetic Intelligence*. NY: Harper Business. 진주 K. 가디너 옮김(2022).『사고 싶게 만드는 것들』. 알키.

김민지

서울대학교에서 미학을 전공하고, 대중에게 예술의 가치를 전하는 아트 커뮤니케이터로 활동하고 있다. 경기대 초빙교수로 미디어융합콘텐츠 전공 강의를 맡고 있으며, 관광문화대학 연기학과 소속이다. 연구자, 작가, 칼럼니스트, 사회자, 강연자, 교육자 등 다양한 역할을 이어 오고 있다. 10년 넘게 미술관, 갤러리, 아트페어는 물론 기업, 공공기관, 학교 등에서 예술 강의를 진행해 왔으며, 음악회, 전시회, 국제 컨퍼런스 등에서 문화예술 전문 MC로 활약하고 있다. 일전에 청소년 대안학교 예술교사와 스타트업 예술교육팀장 및 선임연구원으로 재직했으며, 2015년 무렵부터 AI를 비롯한 과학기술이 미래 세대와 창의성, 콘텐츠 분야에 미칠 영향을 직감했다. 관련 연구를 위해 카이스트(KAIST) 문술미래전략대학원에 진학해 과학저널리즘 전공으로 공학 석사 학위를 받았다. 경영 매거진 ≪동아비즈니스리뷰≫ "AI 아트 인사이트" 필진이며, ≪한국경제신문≫ 문화예술 플랫폼 아르떼에서 아트 칼럼 "김민지의 미학의 순간들"을 쓰고 있다. 세종도서 교양부문 예술 우수 도서로 선정된 『NFT Art 그 무엇으로도 대체 불가능한 예술』(2022)을 집필했다. MBC가 제작한 〈PD가 사라졌다〉와 〈A-IDOL〉 프로그램의 자문위원이다.